未成年人
网络保护

普法手册

中国法制出版社

CHINA LEGAL PUBLISHING HOUSE

编 辑 说 明

国务院于 2023 年 10 月 16 日公布了《未成年人网络保护条例》，该条例自 2024 年 1 月 1 日起施行。这是我国出台的第一部专门性的未成年人网络保护综合立法，重点就规范网络信息内容、保护个人信息、防治网络沉迷等作出规定，以法治方式营造安全健康的未成年人网络环境，回应了社会各界对未成年人网络保护的关切。

本书从《未成年人保护法》中的网络保护部分出发，围绕最新颁布的《未成年人网络保护条例》，汇编与未成年人网络保护相关的法律、法规、部门规章等文件，分为网络素养促进、网络信息内容规范、个人信息网络保护、网络沉迷防治四个方面，并附录最高人民法院和最高人民检察院发布的未成年人网络保护相关典型案例。本书内文采用双色大字印刷，阅读舒适，检索方便。

未成年人网络保护是一项系统性工程，需要汇聚各方合力。本书内容丰富，面向的读者群体广泛，可供有关政府部门和学校、家庭、行业组织、新闻媒体等未成年人网络保护相关的各方责任主体阅读学习。本书的出版，旨在宣传和普及《未成年人网络保护条例》，帮助广大家长和学校营造健康的未成年人网络环境，保护未成年人的网络权益，促进未成年人网络保护工作高质量发展。

对于本书的不足之处，还望读者不吝批评指正！

目 录

一、综 合

---

　　* 本目录中的时间为法律文件的公布（发布）时间或最后一次修正、修订的时间。

二、网络素养促进

三、网络信息内容规范

四、个人信息网络保护

五、网络沉迷防治

附录　典型案例

（三）检察机关加强未成年人网络保护综合履职典型案例

一、综　合

中华人民共和国未成年人保护法（节录）

（1991 年 9 月 4 日第七届全国人民代表大会常务委员会第二十一次会议通过　2006 年 12 月 29 日第十届全国人民代表大会常务委员会第二十五次会议第一次修订　根据 2012 年 10 月 26 日第十一届全国人民代表大会常务委员会第二十九次会议《关于修改〈中华人民共和国未成年人保护法〉的决定》修正　2020 年 10 月 17 日第十三届全国人民代表大会常务委员会第二十二次会议第二次修订　2020 年 10 月 17 日中华人民共和国主席令第 57 号公布　自 2021 年 6 月 1 日起施行）

……

第五章　网络保护

第六十四条　国家、社会、学校和家庭应当加强未成年人网络素养宣传教育，培养和提高未成年人的网络素养，增强未成年人科学、文明、安全、合理使用网络的意识和能力，保障未成年人在网络空间的合法权益。

第六十五条 国家鼓励和支持有利于未成年人健康成长的网络内容的创作与传播，鼓励和支持专门以未成年人为服务对象、适合未成年人身心健康特点的网络技术、产品、服务的研发、生产和使用。

第六十六条 网信部门及其他有关部门应当加强对未成年人网络保护工作的监督检查，依法惩处利用网络从事危害未成年人身心健康的活动，为未成年人提供安全、健康的网络环境。

第六十七条 网信部门会同公安、文化和旅游、新闻出版、电影、广播电视等部门根据保护不同年龄阶段未成年人的需要，确定可能影响未成年人身心健康网络信息的种类、范围和判断标准。

第六十八条 新闻出版、教育、卫生健康、文化和旅游、网信等部门应当定期开展预防未成年人沉迷网络的宣传教育，监督网络产品和服务提供者履行预防未成年人沉迷网络的义务，指导家庭、学校、社会组织互相配合，采取科学、合理的方式对未成年人沉迷网络进行预防和干预。

任何组织或者个人不得以侵害未成年人身心健康的方式

对未成年人沉迷网络进行干预。

第六十九条　学校、社区、图书馆、文化馆、青少年宫等场所为未成年人提供的互联网上网服务设施，应当安装未成年人网络保护软件或者采取其他安全保护技术措施。

智能终端产品的制造者、销售者应当在产品上安装未成年人网络保护软件，或者以显著方式告知用户未成年人网络保护软件的安装渠道和方法。

第七十条　学校应当合理使用网络开展教学活动。未经学校允许，未成年学生不得将手机等智能终端产品带入课堂，带入学校的应当统一管理。

学校发现未成年学生沉迷网络的，应当及时告知其父母或者其他监护人，共同对未成年学生进行教育和引导，帮助其恢复正常的学习生活。

第七十一条　未成年人的父母或者其他监护人应当提高网络素养，规范自身使用网络的行为，加强对未成年人使用网络行为的引导和监督。

未成年人的父母或者其他监护人应当通过在智能终端产品上安装未成年人网络保护软件、选择适合未成年人的服务模式和管理功能等方式，避免未成年人接触危害或者可能影响其身心健康的网络信息，合理安排未成年人使用网络的时间，有效预防未成年人沉迷网络。

第七十二条 信息处理者通过网络处理未成年人个人信息的，应当遵循合法、正当和必要的原则。处理不满十四周岁未成年人个人信息的，应当征得未成年人的父母或者其他监护人同意，但法律、行政法规另有规定的除外。

未成年人、父母或者其他监护人要求信息处理者更正、删除未成年人个人信息的，信息处理者应当及时采取措施予以更正、删除，但法律、行政法规另有规定的除外。

第七十三条 网络服务提供者发现未成年人通过网络发布私密信息的，应当及时提示，并采取必要的保护措施。

第七十四条 网络产品和服务提供者不得向未成年人提供诱导其沉迷的产品和服务。

网络游戏、网络直播、网络音视频、网络社交等网络服务提供者应当针对未成年人使用其服务设置相应的时间管理、权限管理、消费管理等功能。

以未成年人为服务对象的在线教育网络产品和服务，不得插入网络游戏链接，不得推送广告等与教学无关的信息。

第七十五条 网络游戏经依法审批后方可运营。

国家建立统一的未成年人网络游戏电子身份认证系统。网络游戏服务提供者应当要求未成年人以真实身份信息注册并登录网络游戏。

网络游戏服务提供者应当按照国家有关规定和标准，对游戏产品进行分类，作出适龄提示，并采取技术措施，不得让未成年人接触不适宜的游戏或者游戏功能。

网络游戏服务提供者不得在每日二十二时至次日八时向未成年人提供网络游戏服务。

第七十六条　网络直播服务提供者不得为未满十六周岁的未成年人提供网络直播发布者账号注册服务；为年满十六周岁的未成年人提供网络直播发布者账号注册服务时，应当对其身份信息进行认证，并征得其父母或者其他监护人同意。

第七十七条　任何组织或者个人不得通过网络以文字、图片、音视频等形式，对未成年人实施侮辱、诽谤、威胁或者恶意损害形象等网络欺凌行为。

遭受网络欺凌的未成年人及其父母或者其他监护人有权通知网络服务提供者采取删除、屏蔽、断开链接等措施。网络服务提供者接到通知后，应当及时采取必要的措施制止网络欺凌行为，防止信息扩散。

第七十八条　网络产品和服务提供者应当建立便捷、合理、有效的投诉和举报渠道，公开投诉、举报方式等信息，及时受理并处理涉及未成年人的投诉、举报。

第七十九条 任何组织或者个人发现网络产品、服务含有危害未成年人身心健康的信息，有权向网络产品和服务提供者或者网信、公安等部门投诉、举报。

第八十条 网络服务提供者发现用户发布、传播可能影响未成年人身心健康的信息且未作显著提示的，应当作出提示或者通知用户予以提示；未作出提示的，不得传输相关信息。

网络服务提供者发现用户发布、传播含有危害未成年人身心健康内容的信息的，应当立即停止传输相关信息，采取删除、屏蔽、断开链接等处置措施，保存有关记录，并向网信、公安等部门报告。

网络服务提供者发现用户利用其网络服务对未成年人实施违法犯罪行为的，应当立即停止向该用户提供网络服务，保存有关记录，并向公安机关报告。

……

未成年人网络保护条例

（2023 年 10 月 16 日中华人民共和国国务院令
第 766 号公布　自 2024 年 1 月 1 日起施行）

第一章　总　　则

第一条　为了营造有利于未成年人身心健康的网络环境，保障未成年人合法权益，根据《中华人民共和国未成年人保护法》、《中华人民共和国网络安全法》、《中华人民共和国个人信息保护法》等法律，制定本条例。

第二条　未成年人网络保护工作应当坚持中国共产党的领导，坚持以社会主义核心价值观为引领，坚持最有利于未成年人的原则，适应未成年人身心健康发展和网络空间的规律和特点，实行社会共治。

第三条　国家网信部门负责统筹协调未成年人网络保护工作，并依据职责做好未成年人网络保护工作。

国家新闻出版、电影部门和国务院教育、电信、公安、民政、文化和旅游、卫生健康、市场监督管理、广播电视等有关部门依据各自职责做好未成年人网络保护工作。

县级以上地方人民政府及其有关部门依据各自职责做好未成年人网络保护工作。

第四条 共产主义青年团、妇女联合会、工会、残疾人联合会、关心下一代工作委员会、青年联合会、学生联合会、少年先锋队以及其他人民团体、有关社会组织、基层群众性自治组织，协助有关部门做好未成年人网络保护工作，维护未成年人合法权益。

第五条 学校、家庭应当教育引导未成年人参加有益身心健康的活动，科学、文明、安全、合理使用网络，预防和干预未成年人沉迷网络。

第六条 网络产品和服务提供者、个人信息处理者、智能终端产品制造者和销售者应当遵守法律、行政法规和国家有关规定，尊重社会公德，遵守商业道德，诚实信用，履行未成年人网络保护义务，承担社会责任。

第七条 网络产品和服务提供者、个人信息处理者、智能终端产品制造者和销售者应当接受政府和社会的监督，配合有关部门依法实施涉及未成年人网络保护工作的监督检查，建立便捷、合理、有效的投诉、举报渠道，通过显著方式公布投诉、举报途径和方法，及时受理并处理公众投诉、举报。

第八条　任何组织和个人发现违反本条例规定的，可以向网信、新闻出版、电影、教育、电信、公安、民政、文化和旅游、卫生健康、市场监督管理、广播电视等有关部门投诉、举报。收到投诉、举报的部门应当及时依法作出处理；不属于本部门职责的，应当及时移送有权处理的部门。

第九条　网络相关行业组织应当加强行业自律，制定未成年人网络保护相关行业规范，指导会员履行未成年人网络保护义务，加强对未成年人的网络保护。

第十条　新闻媒体应当通过新闻报道、专题栏目（节目）、公益广告等方式，开展未成年人网络保护法律法规、政策措施、典型案例和有关知识的宣传，对侵犯未成年人合法权益的行为进行舆论监督，引导全社会共同参与未成年人网络保护。

第十一条　国家鼓励和支持在未成年人网络保护领域加强科学研究和人才培养，开展国际交流与合作。

第十二条　对在未成年人网络保护工作中作出突出贡献的组织和个人，按照国家有关规定给予表彰和奖励。

第二章　网络素养促进

第十三条　国务院教育部门应当将网络素养教育纳入学校素质教育内容，并会同国家网信部门制定未成年人网络素养测评指标。

教育部门应当指导、支持学校开展未成年人网络素养教育，围绕网络道德意识形成、网络法治观念培养、网络使用能力建设、人身财产安全保护等，培育未成年人网络安全意识、文明素养、行为习惯和防护技能。

第十四条　县级以上人民政府应当科学规划、合理布局，促进公益性上网服务均衡协调发展，加强提供公益性上网服务的公共文化设施建设，改善未成年人上网条件。

县级以上地方人民政府应当通过为中小学校配备具有相应专业能力的指导教师、政府购买服务或者鼓励中小学校自行采购相关服务等方式，为学生提供优质的网络素养教育课程。

第十五条　学校、社区、图书馆、文化馆、青少年宫等场所为未成年人提供互联网上网服务设施的，应当通过安排专业人员、招募志愿者等方式，以及安装未成年人网络保护软件或者采取其他安全保护技术措施，为未成年人提供上网指导和安全、健康的上网环境。

第十六条　学校应当将提高学生网络素养等内容纳入教育教学活动，并合理使用网络开展教学活动，建立健全学生在校期间上网的管理制度，依法规范管理未成年学生带入学校的智能终端产品，帮助学生养成良好上网习惯，培养学生网络安全和网络法治意识，增强学生对网络信息的获取和分析判断能力。

第十七条　未成年人的监护人应当加强家庭家教家风建设，提高自身网络素养，规范自身使用网络的行为，加强对未成年人使用网络行为的教育、示范、引导和监督。

第十八条　国家鼓励和支持研发、生产和使用专门以未成年人为服务对象、适应未成年人身心健康发展规律和特点的网络保护软件、智能终端产品和未成年人模式、未成年人专区等网络技术、产品、服务，加强网络无障碍环境建设和改造，促进未成年人开阔眼界、陶冶情操、提高素质。

第十九条　未成年人网络保护软件、专门供未成年人使用的智能终端产品应当具有有效识别违法信息和可能影响未成年人身心健康的信息、保护未成年人个人信息权益、预防未成年人沉迷网络、便于监护人履行监护职责等功能。

国家网信部门会同国务院有关部门根据未成年人网络保护工作的需要，明确未成年人网络保护软件、专门供未成年人使用的智能终端产品的相关技术标准或者要求，指导监督网络相关行业组织按照有关技术标准和要求对未成年人网络保护软件、专门供未成年人使用的智能终端产品的使用效果进行评估。

智能终端产品制造者应当在产品出厂前安装未成年人网络保护软件，或者采用显著方式告知用户安装渠道和方法。智能终端产品销售者在产品销售前应当采用显著方式告知用户安装未成年人网络保护软件的情况以及安装渠道和方法。

未成年人的监护人应当合理使用并指导未成年人使用网络保护软件、智能终端产品等，创造良好的网络使用家庭环境。

第二十条　未成年人用户数量巨大或者对未成年人群体具有显著影响的网络平台服务提供者，应当履行下列义务：

（一）在网络平台服务的设计、研发、运营等阶段，充分考虑未成年人身心健康发展特点，定期开展未成年人网络保护影响评估；

（二）提供未成年人模式或者未成年人专区等，便利未成年人获取有益身心健康的平台内产品或者服务；

（三）按照国家规定建立健全未成年人网络保护合规制度体系，成立主要由外部成员组成的独立机构，对未成年人网络保护情况进行监督；

（四）遵循公开、公平、公正的原则，制定专门的平台规则，明确平台内产品或者服务提供者的未成年人网络保护义务，并以显著方式提示未成年人用户依法享有的网络保护权利和遭受网络侵害的救济途径；

（五）对违反法律、行政法规严重侵害未成年人身心健康或者侵犯未成年人其他合法权益的平台内产品或者服务提供者，停止提供服务；

（六）每年发布专门的未成年人网络保护社会责任报告，并接受社会监督。

前款所称的未成年人用户数量巨大或者对未成年人群体具有显著影响的网络平台服务提供者的具体认定办法，由国家网信部门会同有关部门另行制定。

第三章　网络信息内容规范

第二十一条　国家鼓励和支持制作、复制、发布、传播弘扬社会主义核心价值观和社会主义先进文化、革命文化、中华优秀传统文化，铸牢中华民族共同体意识，培养未成年人家国情怀和良好品德，引导未成年人养成良好生活习惯和行为习惯等的网络信息，营造有利于未成年人健康成长的清朗网络空间和良好网络生态。

第二十二条 任何组织和个人不得制作、复制、发布、传播含有宣扬淫秽、色情、暴力、邪教、迷信、赌博、引诱自残自杀、恐怖主义、分裂主义、极端主义等危害未成年人身心健康内容的网络信息。

任何组织和个人不得制作、复制、发布、传播或者持有关未成年人的淫秽色情网络信息。

第二十三条 网络产品和服务中含有可能引发或者诱导未成年人模仿不安全行为、实施违反社会公德行为、产生极端情绪、养成不良嗜好等可能影响未成年人身心健康的信息的，制作、复制、发布、传播该信息的组织和个人应当在信息展示前予以显著提示。

国家网信部门会同国家新闻出版、电影部门和国务院教育、电信、公安、文化和旅游、广播电视等部门，在前款规定基础上确定可能影响未成年人身心健康的信息的具体种类、范围、判断标准和提示办法。

第二十四条 任何组织和个人不得在专门以未成年人为

服务对象的网络产品和服务中制作、复制、发布、传播本条例第二十三条第一款规定的可能影响未成年人身心健康的信息。

网络产品和服务提供者不得在首页首屏、弹窗、热搜等处于产品或者服务醒目位置、易引起用户关注的重点环节呈现本条例第二十三条第一款规定的可能影响未成年人身心健康的信息。

网络产品和服务提供者不得通过自动化决策方式向未成年人进行商业营销。

第二十五条　任何组织和个人不得向未成年人发送、推送或者诱骗、强迫未成年人接触含有危害或者可能影响未成年人身心健康内容的网络信息。

第二十六条　任何组织和个人不得通过网络以文字、图片、音视频等形式，对未成年人实施侮辱、诽谤、威胁或者恶意损害形象等网络欺凌行为。

网络产品和服务提供者应当建立健全网络欺凌行为的预警预防、识别监测和处置机制，设置便利未成年人及其监护人保存遭受网络欺凌记录、行使通知权利的功能、渠道，提供便利未成年人设置屏蔽陌生用户、本人发布信息可见范围、禁止转载或者评论本人发布信息、禁止向本人发送信息等网络欺凌信息防护选项。

网络产品和服务提供者应当建立健全网络欺凌信息特征库，优化相关算法模型，采用人工智能、大数据等技术手段和人工审核相结合的方式加强对网络欺凌信息的识别监测。

第二十七条 任何组织和个人不得通过网络以文字、图片、音视频等形式，组织、教唆、胁迫、引诱、欺骗、帮助未成年人实施违法犯罪行为。

第二十八条 以未成年人为服务对象的在线教育网络产品和服务提供者，应当按照法律、行政法规和国家有关规定，根据不同年龄阶段未成年人身心发展特点和认知能力提供相应的产品和服务。

第二十九条 网络产品和服务提供者应当加强对用户发布信息的管理，采取有效措施防止制作、复制、发布、传播违反本条例第二十二条、第二十四条、第二十五条、第二十六条第一款、第二十七条规定的信息，发现违反上述条款规定的信息的，应当立即停止传输相关信息，采取删除、屏蔽、断开链接等处置措施，防止信息扩散，保存有关记录，向网信、公安等部门报告，并对制作、复制、发布、传播上述信息的用户采取警示、限制功能、暂停服务、关闭账号等处置措施。

　　网络产品和服务提供者发现用户发布、传播本条例第二十三条第一款规定的信息未予显著提示的，应当作出提示或者通知用户予以提示；未作出提示的，不得传输该信息。

　　第三十条　国家网信、新闻出版、电影部门和国务院教育、电信、公安、文化和旅游、广播电视等部门发现违反本条例第二十二条、第二十四条、第二十五条、第二十六条第一款、第二十七条规定的信息的，或者发现本条例第二十三条第一款规定的信息未予显著提示的，应当要求网络产品和服务提供者按照本条例第二十九条的规定予以处理；对来源于境外的上述信息，应当依法通知有关机构采取技术措施和其他必要措施阻断传播。

第四章　个人信息网络保护

　　第三十一条　网络服务提供者为未成年人提供信息发布、即时通讯等服务的，应当依法要求未成年人或者其监护人提供未成年人真实身份信息。未成年人或者其监护人不提供未成年人真实身份信息的，网络服务提供者不得为未成年人提供相关服务。

　　网络直播服务提供者应当建立网络直播发布者真实身份

信息动态核验机制，不得向不符合法律规定情形的未成年人用户提供网络直播发布服务。

第三十二条　个人信息处理者应当严格遵守国家网信部门和有关部门关于网络产品和服务必要个人信息范围的规定，不得强制要求未成年人或者其监护人同意非必要的个人信息处理行为，不得因为未成年人或者其监护人不同意处理未成年人非必要个人信息或者撤回同意，拒绝未成年人使用其基本功能服务。

第三十三条　未成年人的监护人应当教育引导未成年人增强个人信息保护意识和能力、掌握个人信息范围、了解个人信息安全风险，指导未成年人行使其在个人信息处理活动中的查阅、复制、更正、补充、删除等权利，保护未成年人个人信息权益。

第三十四条　未成年人或者其监护人依法请求查阅、复制、更正、补充、删除未成年人个人信息的，个人信息处理者应当遵守以下规定：

（一）提供便捷的支持未成年人或者其监护人查阅未成年人个人信息种类、数量等的方法和途径，不得对未成年人或者其监护人的合理请求进行限制；

（二）提供便捷的支持未成年人或者其监护人复制、更正、补充、删除未成年人个人信息的功能，不得设置不合理条件；

（三）及时受理并处理未成年人或者其监护人查阅、复制、更正、补充、删除未成年人个人信息的申请，拒绝未成年人或者其监护人行使权利的请求的，应当书面告知申请人并说明理由。

对未成年人或者其监护人依法提出的转移未成年人个人信息的请求，符合国家网信部门规定条件的，个人信息处理者应当提供转移的途径。

第三十五条　发生或者可能发生未成年人个人信息泄露、篡改、丢失的，个人信息处理者应当立即启动个人信息安全事件应急预案，采取补救措施，及时向网信等部门报告，并按照国家有关规定将事件情况以邮件、信函、电话、信息推送等方式告知受影响的未成年人及其监护人。

个人信息处理者难以逐一告知的，应当采取合理、有效的方式及时发布相关警示信息，法律、行政法规另有规定的除外。

第三十六条　个人信息处理者对其工作人员应当以最小授权为原则，严格设定信息访问权限，控制未成年人个人信息知悉范围。工作人员访问未成年人个人信息的，应当经过相关负责人或者其授权的管理人员审批，记录访问情况，并采取技术措施，避免违法处理未成年人个人信息。

第三十七条 个人信息处理者应当自行或者委托专业机构每年对其处理未成年人个人信息遵守法律、行政法规的情况进行合规审计，并将审计情况及时报告网信等部门。

第三十八条 网络服务提供者发现未成年人私密信息或者未成年人通过网络发布的个人信息中涉及私密信息的，应当及时提示，并采取停止传输等必要保护措施，防止信息扩散。

网络服务提供者通过未成年人私密信息发现未成年人可能遭受侵害的，应当立即采取必要措施保存有关记录，并向公安机关报告。

第五章　网络沉迷防治

第三十九条 对未成年人沉迷网络进行预防和干预，应当遵守法律、行政法规和国家有关规定。

教育、卫生健康、市场监督管理等部门依据各自职责对从事未成年人沉迷网络预防和干预活动的机构实施监督管理。

第四十条　学校应当加强对教师的指导和培训，提高教师对未成年学生沉迷网络的早期识别和干预能力。对于有沉迷网络倾向的未成年学生，学校应当及时告知其监护人，共同对未成年学生进行教育和引导，帮助其恢复正常的学习生活。

第四十一条　未成年人的监护人应当指导未成年人安全合理使用网络，关注未成年人上网情况以及相关生理状况、心理状况、行为习惯，防范未成年人接触危害或者可能影响其身心健康的网络信息，合理安排未成年人使用网络的时间，预防和干预未成年人沉迷网络。

第四十二条　网络产品和服务提供者应当建立健全防沉迷制度，不得向未成年人提供诱导其沉迷的产品和服务，及时修改可能造成未成年人沉迷的内容、功能和规则，并每年向社会公布防沉迷工作情况，接受社会监督。

第四十三条　网络游戏、网络直播、网络音视频、网络社交等网络服务提供者应当针对不同年龄阶段未成年人使用其服务的特点，坚持融合、友好、实用、有效的原则，设置未成年人模式，在使用时段、时长、功能和内容等方面按照国家有关规定和标准提供相应的服务，并以醒目便捷的方式为监护人履行监护职责提供时间管理、权限管理、消费管理等功能。

第四十四条 网络游戏、网络直播、网络音视频、网络社交等网络服务提供者应当采取措施，合理限制不同年龄阶段未成年人在使用其服务中的单次消费数额和单日累计消费数额，不得向未成年人提供与其民事行为能力不符的付费服务。

第四十五条 网络游戏、网络直播、网络音视频、网络社交等网络服务提供者应当采取措施，防范和抵制流量至上等不良价值倾向，不得设置以应援集资、投票打榜、刷量控评等为主题的网络社区、群组、话题，不得诱导未成年人参与应援集资、投票打榜、刷量控评等网络活动，并预防和制止其用户诱导未成年人实施上述行为。

第四十六条 网络游戏服务提供者应当通过统一的未成年人网络游戏电子身份认证系统等必要手段验证未成年人用户真实身份信息。

网络产品和服务提供者不得为未成年人提供游戏账号租售服务。

第四十七条 网络游戏服务提供者应当建立、完善预防未成年人沉迷网络的游戏规则，避免未成年人接触可能影响其身心健康的游戏内容或者游戏功能。

网络游戏服务提供者应当落实适龄提示要求，根据不同年龄阶段未成年人身心发展特点和认知能力，通过评估游戏产品的类型、内容与功能等要素，对游戏产品进行分类，明确游戏产品适合的未成年人用户年龄阶段，并在用户下载、注册、登录界面等位置予以显著提示。

第四十八条　新闻出版、教育、卫生健康、文化和旅游、广播电视、网信等部门应当定期开展预防未成年人沉迷网络的宣传教育，监督检查网络产品和服务提供者履行预防未成年人沉迷网络义务的情况，指导家庭、学校、社会组织互相配合，采取科学、合理的方式对未成年人沉迷网络进行预防和干预。

国家新闻出版部门牵头组织开展未成年人沉迷网络游戏防治工作，会同有关部门制定关于向未成年人提供网络游戏服务的时段、时长、消费上限等管理规定。

卫生健康、教育等部门依据各自职责指导有关医疗卫生机构、高等学校等，开展未成年人沉迷网络所致精神障碍和心理行为问题的基础研究和筛查评估、诊断、预防、干预等应用研究。

第四十九条　严禁任何组织和个人以虐待、胁迫等侵害未成年人身心健康的方式干预未成年人沉迷网络、侵犯未成年人合法权益。

第六章　法律责任

第五十条　地方各级人民政府和县级以上有关部门违反本条例规定，不履行未成年人网络保护职责的，由其上级机关责令改正；拒不改正或者情节严重的，对负有责任的领导人员和直接责任人员依法给予处分。

第五十一条　学校、社区、图书馆、文化馆、青少年宫等违反本条例规定，不履行未成年人网络保护职责的，由教育、文化和旅游等部门依据各自职责责令改正；拒不改正或者情节严重的，对负有责任的领导人员和直接责任人员依法给予处分。

第五十二条　未成年人的监护人不履行本条例规定的监护职责或者侵犯未成年人合法权益的，由未成年人居住地的居民委员会、村民委员会、妇女联合会，监护人所在单位、中小学校、幼儿园等有关密切接触未成年人的单位依法予以批评教育、劝诫制止、督促其接受家庭教育指导等。

第五十三条　违反本条例第七条、第十九条第三款、第三十八条第二款规定的，由网信、新闻出版、电影、教育、电信、公安、民政、文化和旅游、市场监督管理、广播电视等部门依据各自职责责令改正；拒不改正或者情节严重的，处5万元以上50万元以下罚款，对直接负责的主管人员和其他直接责任人员处1万元以上10万元以下罚款。

第五十四条 违反本条例第二十条第一款规定的，由网信、新闻出版、电信、公安、文化和旅游、广播电视等部门依据各自职责责令改正，给予警告，没收违法所得；拒不改正的，并处100万元以下罚款，对直接负责的主管人员和其他直接责任人员处1万元以上10万元以下罚款。

违反本条例第二十条第一款第一项和第五项规定，情节严重的，由省级以上网信、新闻出版、电信、公安、文化和旅游、广播电视等部门依据各自职责责令改正，没收违法所得，并处5000万元以下或者上一年度营业额百分之五以下罚款，并可以责令暂停相关业务或者停业整顿、通报有关部门依法吊销相关业务许可证或者吊销营业执照；对直接负责的主管人员和其他直接责任人员处10万元以上100万元以下罚款，并可以决定禁止其在一定期限内担任相关企业的董事、监事、高级管理人员和未成年人保护负责人。

第五十五条 违反本条例第二十四条、第二十五条规定的，由网信、新闻出版、电影、电信、公安、文化和旅游、市场监督管理、广播电视等部门依据各自职责责令限期改正，给予警告，没收违法所得，可以并处 10 万元以下罚款；拒不改正或者情节严重的，责令暂停相关业务、停产停业或者吊销相关业务许可证、吊销营业执照，违法所得 100 万元以上的，并处违法所得 1 倍以上 10 倍以下罚款，没有违法所得或者违法所得不足 100 万元的，并处 10 万元以上 100 万元以下罚款。

第五十六条 违反本条例第二十六条第二款和第三款、第二十八条、第二十九条第一款、第三十一条第二款、第三十六条、第三十八条第一款、第四十二条至第四十五条、第四十六条第二款、第四十七条规定的，由网信、新闻出版、电影、教育、电信、公安、文化和旅游、广播电视等部门依据各自职责责令改正，给予警告，没收违法所得，违法所得 100 万元以上的，并处违法所得 1 倍以上 10 倍以下罚款，没有违法所得或者违法所得不足 100 万元的，并处 10 万元以上 100 万元以下罚款，对直接负责的主管人员和其他直接责任人员处 1 万元以上 10 万元以下罚款；拒不改正或者情节严重的，并可以责令暂停相关业务、停业整顿、关闭网站、吊销相关业务许可证或者吊销营业执照。

第五十七条 网络产品和服务提供者违反本条例规定，受到关闭网站、吊销相关业务许可证或者吊销营业执照处罚的，5 年内不得重新申请相关许可，其直接负责的主管人员和其他直接责任人员 5 年内不得从事同类网络产品和服务业务。

第五十八条　违反本条例规定，侵犯未成年人合法权益，给未成年人造成损害的，依法承担民事责任；构成违反治安管理行为的，依法给予治安管理处罚；构成犯罪的，依法追究刑事责任。

第七章　附　　则

第五十九条　本条例所称智能终端产品，是指可以接入网络、具有操作系统、能够由用户自行安装应用软件的手机、计算机等网络终端产品。

第六十条　本条例自 2024 年 1 月 1 日起施行。

二、网络素养促进

中华人民共和国网络安全法（节录）

（2016年11月7日第十二届全国人民代表大会常务委员会第二十四次会议通过　2016年11月7日中华人民共和国主席令第53号公布　自2017年6月1日起施行）

……

第十二条　国家保护公民、法人和其他组织依法使用网络的权利，促进网络接入普及，提升网络服务水平，为社会提供安全、便利的网络服务，保障网络信息依法有序自由流动。

任何个人和组织使用网络应当遵守宪法法律，遵守公共秩序，尊重社会公德，不得危害网络安全，不得利用网络从事危害国家安全、荣誉和利益，煽动颠覆国家政权、推翻社会主义制度，煽动分裂国家、破坏国家统一，宣扬恐怖主义、极端主义，宣扬民族仇恨、民族歧视，传播暴力、淫秽色情信息，编造、传播虚假信息扰乱经济秩序和社会秩序，以及侵害他人名誉、隐私、知识产权和其他合法权益等活动。

第十三条 国家支持研究开发有利于未成年人健康成长的网络产品和服务，依法惩治利用网络从事危害未成年人身心健康的活动，为未成年人提供安全、健康的网络环境。

……

未成年人学校保护规定（节录）

（2021年6月1日中华人民共和国教育部令第50号公布 自2021年9月1日起施行）

……

第三十四条 学校应当将科学、文明、安全、合理使用网络纳入课程内容，对学生进行网络安全、网络文明和防止沉迷网络的教育，预防和干预学生过度使用网络。

学校为学生提供的上网设施，应当安装未成年人上网保护软件或者采取其他安全保护技术措施，避免学生接触不适宜未成年人接触的信息；发现网络产品、服务、信息有危害学生身心健康内容的，或者学生利用网络实施违法活动的，应当立即采取措施并向有关主管部门报告。

……

中央网信办秘书局关于切实
加强网络暴力治理的通知

（中央网信办秘书局 2022 年 11 月 2 日印发）

各省、自治区、直辖市党委网信办，新疆生产建设兵团党委网信办：

网络暴力针对个人集中发布侮辱谩骂、造谣诽谤、侵犯隐私等违法信息及其他不友善信息，侵害他人合法权益，扰乱正常网络秩序。为切实加大网暴治理力度，进一步压实网站平台主体责任，健全完善长效工作机制，有效保障广大网民合法权益，维护文明健康的网络环境，现通知如下。

一、建立健全网暴预警预防机制

1. 加强内容识别预警。网站平台要建立网暴信息分类标准和典型案例样本库，在区分舆论监督和善意批评的基础上，明确细化涉网暴内容标准，增强识别预警准确性。结合网站平台业务特点和具体处置案例，不断更新分类标准，持续完善样本库。

2. 构建网暴技术识别模型。网站平台要综合考虑事件类别、针对主体、参与人数、信息内容、发布频次、环节场景、举报投诉等维度，建立符合自身特点的网暴行为识别模型，及时发现预警网暴倾向性、苗头性问题。

3. 建立涉网暴舆情应急响应机制。网站平台要组织专门工作力量，及时收集网暴相关热点话题和舆情线索，强化网暴舆情事前预警，做到防微杜渐、防患未然。根据陌生人私信显著增加、相关话题热度迅速攀升、搜索量快速增长、举报频次加大等情况，及时发现网暴异常行为。

二、强化网暴当事人保护

1. 设置一键防护功能。网站平台要根据自身特点，建立完善紧急防护功能，提供一键关闭陌生人私信、评论、转发和@消息等设置。用户遭遇网暴风险时，网站平台要及时发送系统信息，提示其启动一键防护，免受网暴信息骚扰侵害。

2. 优化私信规则。进一步完善私信规则，对接收陌生人私信附加数量、时间、范围等限制，用户可根据自身需要自主设置仅接收好友私信或拒绝接收所有私信。对照网暴信息分类标准，采取技术措施，防范网暴内容通过私信传输。

3. 建立快速举报通道。在网站平台评论、私信等位置设置网暴信息快捷投诉举报入口，简化投诉举报程序，网站平台对于明确为网暴信息的应在第一时间予以处置。向用户提供针对网暴信息的一键取证等功能，方便当事人快速收集证据。坚持最有利于未成年人的原则，优先处理涉未成年人网暴举报。

三、严防网暴信息传播扩散

1. 加强评论环节管理。网站平台要加强对涉网暴风险的新闻、帖文、话题等信息的评论环节管理，及时清理过滤涉网暴违法违规评论，严控涉网暴不友善评论泛化传播，优先展示权威信息。重点网站平台要将用户公共空间发布的评论在本人账号主页进行公开集纳展示，强化公众监督。

2. 加强重点话题群组和版块管理。及时解散网暴信息集中的话题版块，暂停新设相关话题版块。密切巡查以相关事件名称、当事人及相关人员姓名命名的词条、话题、群组、贴吧，及时清理涉网暴内容。排查关闭以匿名投稿、隔空喊话等名义发布导向不良等内容的话题版块和群组账号。

3. 加强直播、短视频管理。加强直播和短视频内容审核，及时关停网暴内容集中的直播间，封禁违规主播，对存在网暴风险的短视频先审后发，清理含有网暴信息的短视频，拦截过滤负面弹幕。密切关注网暴当事人开设的直播间，及时管控诱导逼迫自残自杀等信息。

4. 加强权威信息披露。各地网信部门要密切关注涉网暴舆情和信息动向，督促协调有关部门和地方加强权威信息发布。对于存在网暴风险的热点事件，网站平台要及时转发推送权威信息，引导网民理性发声，共同抵制网暴行为。

四、依法从严处置处罚

1. 分类处置网暴相关账号。一是加强账号发文前警示提醒，对发布不友善信息的账号，提示理性发言。二是对参与网暴的账号进行警示教育，并视情采取禁言、暂停私信功能等措施。三是对首发、多发、煽动发布网暴信息的账号，依法依规采取关闭账号等措施，情节特别严重的，全网禁止注册新账号。四是涉及违法犯罪的，移交相关部门依法追究法律责任。网站平台要强化曝光力度，及时对外公布热点网暴事件处置情况。

2. 严处借网暴恶意营销炒作等行为。坚决打击借网暴事件蹭炒热度、推广引流、故意带偏节奏或者跨平台搬运拼接虚假信息等恶意营销炒作的行为，进一步排查背后 MCN 机构，对 MCN 机构采取警示沟通、暂停商业收益、限制提供服务、入驻清退等连带处置措施。对于将账号名称临时修改为事件相关机构、人员的，网站平台应当加强用户真实身份核验。

3. 问责处罚失职失责的网站平台。对于网暴信息扎堆、防范机制不健全、举报受理处置不及时以及造成恶劣后果的网站平台，依法依规采取通报批评、限期整改、罚款、暂停信息更新、关闭网站等处置处罚措施，从严处理相关责任人。

五、工作要求

1. 提高思想认识。各地网信部门要进一步提高政治站位，充分认识开展网暴问题治理工作的重要意义，进一步细化明确任务要求和工作措施，确保治理工作取得实效。

2. 压实工作责任。指导督促网站平台压实主体责任，对照工作要求，优化各项功能设置，提升技术水平，强化问题发现处置，不断完善工作手段，切实增强网暴问题治理能力和水平。

3. 强化长效治理。各地网信部门要强化任务督导，组织对属地网站平台措施落实情况开展专项检查，督促整改落实。各地各网站平台要及时总结行之有效的经验做法，完善网暴问题治理的长效机制。

最高人民法院、最高人民检察院、公安部
关于依法惩治网络暴力违法犯罪的指导意见

（2023 年 9 月 20 日　法发〔2023〕14 号）

为依法惩治网络暴力违法犯罪活动，有效维护公民人格权益和网络秩序，根据刑法、刑事诉讼法、民法典、民事诉讼法、个人信息保护法、治安管理处罚法及《最高人民法院、最高人民检察院关于办理利用信息网络实施诽谤等刑事案件适用法律若干问题的解释》等法律、司法解释规定，结合执法司法实践，制定本意见。

一、充分认识网络暴力的社会危害，依法维护公民权益和网络秩序

1. 在信息网络上针对个人肆意发布谩骂侮辱、造谣诽谤、侵犯隐私等信息的网络暴力行为，贬损他人人格，损害他人名誉，有的造成了他人"社会性死亡"甚至精神失常、自杀等严重后果；扰乱网络秩序，破坏网络生态，致使网络空间戾气横行，严重影响社会公众安全感。与传统违法犯罪不同，网络暴力往往针对素不相识的陌生人实施，受害人在

确认侵害人、收集证据等方面存在现实困难，维权成本极高。人民法院、人民检察院、公安机关要充分认识网络暴力的社会危害，坚持严惩立场，依法能动履职，为受害人提供有效法律救济，维护公民合法权益，维护公众安全感，维护网络秩序。

二、准确适用法律，依法严惩网络暴力违法犯罪

2. 依法惩治网络诽谤行为。在信息网络上制造、散布谣言，贬损他人人格、损害他人名誉，情节严重，符合刑法第二百四十六条规定的，以诽谤罪定罪处罚。

3. 依法惩治网络侮辱行为。在信息网络上采取肆意谩骂、恶意诋毁、披露隐私等方式，公然侮辱他人，情节严重，符合刑法第二百四十六条规定的，以侮辱罪定罪处罚。

4. 依法惩治侵犯公民个人信息行为。组织"人肉搜索"，违法收集并向不特定多数人发布公民个人信息，情节严重，符合刑法第二百五十三条之一规定的，以侵犯公民个人信息罪定罪处罚；依照刑法和司法解释规定，同时构成其他犯罪的，依照处罚较重的规定定罪处罚。

5. 依法惩治借网络暴力事件实施的恶意营销炒作行为。基于蹭炒热度、推广引流等目的，利用互联网用户公众账号等推送、传播有关网络暴力违法犯罪的信息，符合刑法第二

百八十七条之一规定的，以非法利用信息网络罪定罪处罚；依照刑法和司法解释规定，同时构成其他犯罪的，依照处罚较重的规定定罪处罚。

6. 依法惩治拒不履行信息网络安全管理义务行为。网络服务提供者对于所发现的有关网络暴力违法犯罪的信息不依法履行信息网络安全管理义务，经监管部门责令采取改正措施而拒不改正，致使违法信息大量传播或者有其他严重情节，符合刑法第二百八十六条之一规定的，以拒不履行信息网络安全管理义务罪定罪处罚；依照刑法和司法解释规定，同时构成其他犯罪的，依照处罚较重的规定定罪处罚。

7. 依法惩治网络暴力违法行为。实施网络侮辱、诽谤等网络暴力行为，尚不构成犯罪，符合治安管理处罚法等规定的，依法予以行政处罚。

8. 依法严惩网络暴力违法犯罪。对网络暴力违法犯罪，应当体现从严惩治精神，让人民群众充分感受到公平正义。坚持严格执法司法，对于网络暴力违法犯罪，依法严肃追究，切实矫正"法不责众"的错误倾向。要重点打击恶意发起者、组织者、恶意推波助澜者以及屡教不改者。实施网络暴力违法犯罪，具有下列情形之一的，依法从重处罚：

（1）针对未成年人、残疾人实施的；

（2）组织"水军"、"打手"或者其他人员实施的；

（3）编造"涉性"话题侵害他人人格尊严的；

（4）利用"深度合成"等生成式人工智能技术发布违法信息的；

（5）网络服务提供者发起、组织的。

9. 依法支持民事维权。针对他人实施网络暴力行为，侵犯他人名誉权、隐私权等人格权，受害人请求行为人承担民事责任的，人民法院依法予以支持。

10. 准确把握违法犯罪行为的认定标准。通过信息网络检举、揭发他人犯罪或者违法违纪行为，只要不是故意捏造事实或者明知是捏造的事实而故意散布的，不应当认定为诽谤违法犯罪。针对他人言行发表评论、提出批评，即使观点有所偏颇、言论有些偏激，只要不是肆意谩骂、恶意诋毁的，不应当认定为侮辱违法犯罪。

三、畅通诉讼程序，及时提供有效法律救济

11. 落实公安机关协助取证的法律规定。根据刑法第二百四十六条第三款的规定，对于被害人就网络侮辱、诽谤提起自诉的案件，人民法院经审查认为被害人提供证据确有困难的，可以要求公安机关提供协助。公安机关应当根据人民

法院要求和案件具体情况，及时查明行为主体，收集相关侮辱、诽谤信息传播扩散情况及造成的影响等证据材料。网络服务提供者应当依法为公安机关取证提供必要的技术支持和协助。经公安机关协助取证，达到自诉案件受理条件的，人民法院应当决定立案；无法收集相关证据材料的，公安机关应当书面向人民法院说明情况。

12. 准确把握侮辱罪、诽谤罪的公诉条件。根据刑法第二百四十六条第二款的规定，实施侮辱、诽谤犯罪，严重危害社会秩序和国家利益的，应当依法提起公诉。对于网络侮辱、诽谤是否严重危害社会秩序，应当综合侵害对象、动机目的、行为方式、信息传播范围、危害后果等因素作出判定。

实施网络侮辱、诽谤行为，具有下列情形之一的，应当认定为刑法第二百四十六条第二款规定的"严重危害社会秩序"：

（1）造成被害人或者其近亲属精神失常、自杀等严重后果，社会影响恶劣的；

（2）随意以普通公众为侵害对象，相关信息在网络上大范围传播，引发大量低俗、恶意评论，严重破坏网络秩序，社会影响恶劣的；

（3）侮辱、诽谤多人或者多次散布侮辱、诽谤信息，社会影响恶劣的；

（4）组织、指使人员在多个网络平台大量散布侮辱、诽谤信息，社会影响恶劣的；

（5）其他严重危害社会秩序的情形。

13. 依法适用侮辱、诽谤刑事案件的公诉程序。对于严重危害社会秩序的网络侮辱、诽谤行为，公安机关应当依法及时立案。被害人同时向人民法院提起自诉的，人民法院可以请自诉人撤回自诉或者裁定不予受理；已经受理的，应当裁定终止审理，并将相关材料移送公安机关，原自诉人可以作为被害人参与诉讼。对于网络侮辱、诽谤行为，被害人在公安机关立案前提起自诉，人民法院经审查认为有关行为严重危害社会秩序的，应当将案件移送公安机关。

对于网络侮辱、诽谤行为，被害人或者其近亲属向公安机关报案，公安机关经审查认为已构成犯罪但不符合公诉条件的，可以告知报案人向人民法院提起自诉。

14. 加强立案监督工作。人民检察院依照有关法律和司法解释的规定，对网络暴力犯罪案件加强立案监督工作。

上级公安机关应当加强对下级公安机关网络暴力案件立案工作的业务指导和内部监督。

15. 依法适用人格权侵害禁令制度。权利人有证据证明行为人正在实施或者即将实施侵害其人格权的违法行为，不及时制止将使其合法权益受到难以弥补的损害，依据民法典第九百九十七条向人民法院申请采取责令行为人停止有关行为的措施的，人民法院可以根据案件具体情况依法作出人格权侵害禁令。

16. 依法提起公益诉讼。网络暴力行为损害社会公共利益的，人民检察院可以依法向人民法院提起公益诉讼。

网络服务提供者对于所发现的网络暴力信息不依法履行信息网络安全管理义务，致使违法信息大量传播或者有其他严重情节，损害社会公共利益的，人民检察院可以依法向人民法院提起公益诉讼。

人民检察院办理网络暴力治理领域公益诉讼案件，可以依法要求网络服务提供者提供必要的技术支持和协助。

四、落实工作要求，促进强化综合治理

17. 有效保障受害人权益。办理网络暴力案件，应当及时告知受害人及其法定代理人或者近亲属有权委托诉讼代理人，并告知其有权依法申请法律援助。针对相关网络暴力信息传播范围广、社会危害大、影响消除难的现实情况，要依法及时向社会发布案件进展信息，澄清事实真相，有效消除不良影响。依法适用认罪认罚从宽制度，促使被告人认罪认罚，真诚悔罪，通过媒体公开道歉等方式，实现对受害人人格权的有效保护。对于被判处刑罚的被告人，可以依法宣告职业禁止或者禁止令。

18. 强化衔接配合。人民法院、人民检察院、公安机关要加强沟通协调，统一执法司法理念，有序衔接自诉程序与公诉程序，确保案件顺利侦查、起诉、审判。对重大、敏感、复杂案件，公安机关听取人民检察院意见建议的，人民检察院应当及时提供，确保案件依法稳妥处理。完善行政执法和刑事司法衔接机制，加强协调配合，形成各单位各司其职、高效联动的常态化工作格局，依法有效惩治、治理网络暴力违法犯罪。

19. 做好法治宣传。要认真贯彻"谁执法谁普法"普法责任制，充分发挥执法办案的规则引领、价值导向和行为规范作用。发布涉网络暴力典型案例，明确传导"网络空间不是法外之地"，教育引导广大网民自觉守法，引领社会文明风尚。

20. 促进网络暴力综合治理。立足执法司法职能，在依法办理涉网络暴力相关案件的基础上，做实诉源治理，深入分析滋生助推网络暴力发生的根源，通过提出司法建议、检察建议、公安提示函等方式，促进对网络暴力的多元共治，夯实网络信息服务提供者的主体责任，不断健全长效治理机制，从根本上减少网络暴力的发生，营造清朗网络空间。

三、网络信息内容规范

未成年人节目管理规定

（2019 年 3 月 29 日国家广播电视总局令第 3 号公布　根据 2021 年 10 月 8 日《国家广播电视总局关于第三批修改的部门规章的决定》修订）

第一章　总　　则

第一条　为了规范未成年人节目，保护未成年人身心健康，保障未成年人合法权益，教育引导未成年人，培育和弘扬社会主义核心价值观，根据《中华人民共和国未成年人保护法》《广播电视管理条例》等法律、行政法规，制定本规定。

第二条　从事未成年人节目的制作、传播活动，适用本规定。

本规定所称未成年人节目，包括未成年人作为主要参与者或者以未成年人为主要接收对象的广播电视节目和网络视听节目。

第三条 从事未成年人节目制作、传播活动，应当以培养能够担当民族复兴大任的时代新人为着眼点，以培育和弘扬社会主义核心价值观为根本任务，弘扬中华优秀传统文化、革命文化和社会主义先进文化，坚持创新发展，增强原创能力，自觉保护未成年人合法权益，尊重未成年人发展和成长规律，促进未成年人健康成长。

第四条 未成年人节目管理工作应当坚持正确导向，注重保护尊重未成年人的隐私和人格尊严等合法权益，坚持教育保护并重，实行社会共治，防止未成年人节目出现商业化、成人化和过度娱乐化倾向。

第五条 国务院广播电视主管部门负责全国未成年人节目的监督管理工作。

县级以上地方人民政府广播电视主管部门负责本行政区域内未成年人节目的监督管理工作。

第六条 广播电视和网络视听行业组织应当结合行业特点，依法制定未成年人节目行业自律规范，加强职业道德教育，切实履行社会责任，促进业务交流，维护成员合法权益。

第七条 广播电视主管部门对在培育和弘扬社会主义核心价值观、强化正面教育、贴近现实生活、创新内容形式、产生良好社会效果等方面表现突出的未成年人节目，以及在未成年人节目制作、传播活动中做出突出贡献的组织、个人，按照有关规定予以表彰、奖励。

第二章　节目规范

第八条　国家支持、鼓励含有下列内容的未成年人节目的制作、传播：

（一）培育和弘扬社会主义核心价值观；

（二）弘扬中华优秀传统文化、革命文化和社会主义先进文化；

（三）引导树立正确的世界观、人生观、价值观；

（四）发扬中华民族传统家庭美德，树立优良家风；

（五）符合未成年人身心发展规律和特点；

（六）保护未成年人合法权益和情感，体现人文关怀；

（七）反映未成年人健康生活和积极向上的精神面貌；

（八）普及自然和社会科学知识；

（九）其他符合国家支持、鼓励政策的内容。

第九条　未成年人节目不得含有下列内容：

（一）渲染暴力、血腥、恐怖，教唆犯罪或者传授犯罪方法；

（二）除健康、科学的性教育之外的涉性话题、画面；

（三）肯定、赞许未成年人早恋；

（四）诋毁、歪曲或者以不当方式表现中华优秀传统文化、革命文化、社会主义先进文化；

（五）歪曲民族历史或者民族历史人物，歪曲、丑化、亵渎、否定英雄烈士事迹和精神；

（六）宣扬、美化、崇拜曾经对我国发动侵略战争和实施殖民统治的国家、事件、人物；

（七）宣扬邪教、迷信或者消极颓废的思想观念；

（八）宣扬或者肯定不良的家庭观、婚恋观、利益观；

（九）过分强调或者过度表现财富、家庭背景、社会地位；

（十）介绍或者展示自杀、自残和其他易被未成年人模仿的危险行为及游戏项目等；

（十一）表现吸毒、滥用麻醉药品、精神药品和其他违禁药物；

（十二）表现吸烟、售烟和酗酒；

（十三）表现违反社会公共道德、扰乱社会秩序等不良举止行为；

（十四）渲染帮会、黑社会组织的各类仪式；

（十五）宣传、介绍不利于未成年人身心健康的网络游戏；

（十六）法律、行政法规禁止的其他内容。

以科普、教育、警示为目的，制作、传播的节目中确有必要出现上述内容的，应当根据节目内容采取明显图像或者声音等方式予以提示，在显著位置设置明确提醒，并对相应画面、声音进行技术处理，避免过分展示。

第十条 不得制作、传播利用未成年人或者未成年人角色进行商业宣传的非广告类节目。

制作、传播未成年人参与的歌唱类选拔节目、真人秀节目、访谈脱口秀节目应当符合国务院广播电视主管部门的要求。

第十一条 广播电视播出机构、网络视听节目服务机构、节目制作机构应当根据不同年龄段未成年人身心发展状况，制作、传播相应的未成年人节目，并采取明显图像或者声音等方式予以提示。

第十二条 邀请未成年人参与节目制作，应当事先经其法定监护人同意。不得以恐吓、诱骗或者收买等方式迫使、引诱未成年人参与节目制作。

制作未成年人节目应当保障参与制作的未成年人人身和财产安全，以及充足的学习和休息时间。

第十三条　未成年人节目制作过程中，不得泄露或者质问、引诱未成年人泄露个人及其近亲属的隐私信息，不得要求未成年人表达超过其判断能力的观点。

对确需报道的未成年人违法犯罪案件，不得披露犯罪案件中未成年人当事人的姓名、住所、照片、图像等个人信息，以及可能推断出未成年人当事人身份的资料。对于不可避免含有上述内容的画面和声音，应当采取技术处理，达到不可识别的标准。

第十四条　邀请未成年人参与节目制作，其服饰、表演应当符合未成年人年龄特征和时代特点，不得诱导未成年人谈论名利、情爱等话题。

未成年人节目不得宣扬童星效应或者包装、炒作明星子女。

第十五条　未成年人节目应当严格控制设置竞赛排名，不得设置过高物质奖励，不得诱导未成年人现场拉票或者询问未成年人失败退出的感受。

情感故事类、矛盾调解类等节目应当尊重和保护未成年人情感，不得就家庭矛盾纠纷采访未成年人，不得要求未成年人参与节目录制和现场调解，避免未成年人亲眼目睹家庭矛盾冲突和情感纠纷。

未成年人节目不得以任何方式对未成年人进行品行、道德方面的测试，放大不良现象和非理性情绪。

第十六条 未成年人节目的主持人应当依法取得职业资格，言行妆容不得引起未成年人心理不适，并在节目中切实履行引导把控职责。

未成年人节目设置嘉宾，应当按照国务院广播电视主管部门的规定，将道德品行作为首要标准，严格遴选、加强培训，不得选用因丑闻劣迹、违法犯罪等行为造成不良社会影响的人员，并提高基层群众作为节目嘉宾的比重。

第十七条 国产原创未成年人节目应当积极体现中华文化元素，使用外国的人名、地名、服装、形象、背景等应当符合剧情需要。

未成年人节目中的用语用字应当符合有关通用语言文字的法律规定。

第十八条 未成年人节目前后播出广告或者播出过程中插播广告，应当遵守以下规定：

（一）未成年人专门频率、频道、专区、链接、页面不得播出医疗、药品、保健食品、医疗器械、化妆品、酒类、美容广告、不利于未成年人身心健康的网络游戏广告，以及其他不适宜未成年人观看的广告，其他未成年人节目前后不得播出上述广告；

（二）针对不满十四周岁的未成年人的商品或者服务的广告，不得含有劝诱其要求家长购买广告商品或者服务、可能引发其模仿不安全行为的内容；

（三）不得利用不满十周岁的未成年人作为广告代言人；

（四）未成年人广播电视节目每小时播放广告不得超过12分钟；

（五）未成年人网络视听节目播出或者暂停播出过程中，不得插播、展示广告，内容切换过程中的广告时长不得超过30秒。

第三章　传 播 规 范

第十九条　未成年人专门频率、频道应当通过自制、外购、节目交流等多种方式，提高制作、播出未成年人节目的能力，提升节目质量和频率、频道专业化水平，满足未成年人收听收看需求。

网络视听节目服务机构应当以显著方式在显著位置对所

传播的未成年人节目建立专区，专门播放适宜未成年人收听收看的节目。

未成年人专门频率频道、网络专区不得播出未成年人不宜收听收看的节目。

第二十条　广播电视播出机构、网络视听节目服务机构对所播出的录播或者用户上传的未成年人节目，应当按照有关规定履行播前审查义务；对直播节目，应当采取直播延时、备用节目替换等必要的技术手段，确保所播出的未成年人节目中不得含有本规定第九条第一款禁止内容。

第二十一条　广播电视播出机构、网络视听节目服务机构应当建立未成年人保护专员制度，安排具有未成年人保护工作经验或者教育背景的人员专门负责未成年人节目、广告的播前审查，并对不适合未成年人收听收看的节目、广告提出调整播出时段或者暂缓播出的建议，暂缓播出的建议由有关节目审查部门组织专家论证后实施。

第二十二条　广播电视播出机构、网络视听节目服务机构在未成年人节目播出过程中，应当至少每隔 30 分钟在显著位置发送易于辨认的休息提示信息。

第二十三条　广播电视播出机构在法定节假日和学校寒暑假每日 8：00 至 23：00，以及法定节假日和学校寒暑假之外时间每日 15：00 至 22：00，播出的节目应当适宜所有人群收听收看。

未成年人专门频率频道全天播出未成年人节目的比例应当符合国务院广播电视主管部门的要求，在每日 17：00-22：00 之间应当播出国产动画片或者其他未成年人节目，不得播出影视剧以及引进节目，确需在这一时段播出优秀未成年人影视剧的，应当符合国务院广播电视主管部门的要求。

未成年人专门频率频道、网络专区每日播出或者可供点播的国产动画片和引进动画片的比例应当符合国务院广播电视主管部门的规定。

第二十四条　网络用户上传含有未成年人形象、信息的节目且未经未成年人法定监护人同意的，未成年人的法定监护人有权通知网络视听节目服务机构采取删除、屏蔽、断开链接等必要措施。网络视听节目服务机构接到通知并确认其身份后应当及时采取相关措施。

第二十五条　网络视听节目服务机构应当对网络用户上传的未成年人节目建立公众监督举报制度。在接到公众书面举报后经审查发现节目含有本规定第九条第一款禁止内容或者属于第十条第一款禁止节目类型的，网络视听节目服务机构应当及时采取删除、屏蔽、断开链接等必要措施。

第二十六条　广播电视播出机构、网络视听节目服务机构应当建立由未成年人保护专家、家长代表、教师代表等组成的未成年人节目评估委员会，定期对未成年人节目、广告进行播前、播中、播后评估。必要时，可以邀请未成年人参加评估。评估意见应当作为节目继续播出或者调整的重要依据，有关节目审查部门应当对是否采纳评估意见作出书面说明。

第二十七条　广播电视播出机构、网络视听节目服务机构应当建立未成年人节目社会评价制度，并以适当方式及时公布所评价节目的改进情况。

第二十八条　广播电视播出机构、网络视听节目服务机构应当就未成年人保护情况每年度向当地人民政府广播电视主管部门提交书面年度报告。

评估委员会工作情况、未成年人保护专员履职情况和社会评价情况应当作为年度报告的重要内容。

第四章　监督管理

第二十九条　广播电视主管部门应当建立健全未成年人节目监听监看制度，运用日常监听监看、专项检查、实地抽查等方式，加强对未成年人节目的监督管理。

第三十条　广播电视主管部门应当设立未成年人节目违法行为举报制度，公布举报电话、邮箱等联系方式。

任何单位或者个人有权举报违反本规定的未成年人节目。广播电视主管部门接到举报，应当记录并及时依法调查、处理；对不属于本部门职责范围的，应当及时移送有关部门。

第三十一条　全国性广播电视、网络视听行业组织应当依据本规定，制定未成年人节目内容审核具体行业标准，加强从业人员培训，并就培训情况向国务院广播电视主管部门提交书面年度报告。

第五章　法 律 责 任

第三十二条　违反本规定，制作、传播含有本规定第九条第一款禁止内容的未成年人节目的，或者在以科普、教育、警示为目的制作的节目中，包含本规定第九条第一款禁止内容但未设置明确提醒、进行技术处理的，或者制作、传播本规定第十条禁止的未成年人节目类型的，依照《广播电视管理条例》第四十九条的规定予以处罚。

第三十三条　违反本规定，播放、播出广告的时间超过规定或者播出国产动画片和引进动画片的比例不符合国务院广播电视主管部门规定的，依照《广播电视管理条例》第五十条的规定予以处罚。

第三十四条　违反本规定第十一条至第十七条、第十九条至第二十二条、第二十三条第一款和第二款、第二十四条至第二十八条的规定，由县级以上人民政府广播电视主管部门责令限期改正，给予警告，可以并处三万元以下的罚款。

违反第十八条第一项至第三项的规定，由有关部门依法予以处罚。

第三十五条　广播电视节目制作经营机构、广播电视播出机构、网络视听节目服务机构违反本规定，其主管部门或者有权处理单位，应当依法对负有责任的主管人员或者直接责任人员给予处分、处理；造成严重社会影响的，广播电视主管部门可以向被处罚单位的主管部门或者有权处理单位通报情况，提出对负有责任的主管人员或者直接责任人员的处分、处理建议，并可函询后续处分、处理结果。

第三十六条　广播电视主管部门工作人员滥用职权、玩忽职守、徇私舞弊或者未依照本规定履行职责的，对负有责任的主管人员和直接责任人员依法给予处分。

第六章　附　　则

第三十七条　本规定所称网络视听节目服务机构，是指互联网视听节目服务机构和专网及定向传播视听节目服务机构。

本规定所称学校寒暑假是指广播电视播出机构所在地、网络视听节目服务机构注册地教育行政部门规定的时间段。

第三十八条　未构成本规定所称未成年人节目，但节目中含有未成年人形象、信息等内容，有关内容规范和法律责任参照本规定执行。

第三十九条　本规定自 2019 年 4 月 30 日起施行。

互联网信息服务管理办法

（2000 年 9 月 25 日中华人民共和国国务院令第 292 号公布　根据 2011 年 1 月 8 日《国务院关于废止和修改部分行政法规的决定》修订）

第一条　为了规范互联网信息服务活动，促进互联网信息服务健康有序发展，制定本办法。

第二条　在中华人民共和国境内从事互联网信息服务活动，必须遵守本办法。

本办法所称互联网信息服务，是指通过互联网向上网用户提供信息的服务活动。

第三条　互联网信息服务分为经营性和非经营性两类。

经营性互联网信息服务，是指通过互联网向上网用户有偿提供信息或者网页制作等服务活动。

非经营性互联网信息服务，是指通过互联网向上网用户无偿提供具有公开性、共享性信息的服务活动。

第四条　国家对经营性互联网信息服务实行许可制度；对非经营性互联网信息服务实行备案制度。

未取得许可或者未履行备案手续的，不得从事互联网信息服务。

第五条　从事新闻、出版、教育、医疗保健、药品和医疗器械等互联网信息服务，依照法律、行政法规以及国家有关规定须经有关主管部门审核同意的，在申请经营许可或者履行备案手续前，应当依法经有关主管部门审核同意。

第六条　从事经营性互联网信息服务，除应当符合《中华人民共和国电信条例》规定的要求外，还应当具备下列条件：

（一）有业务发展计划及相关技术方案；

（二）有健全的网络与信息安全保障措施，包括网站安全保障措施、信息安全保密管理制度、用户信息安全管理制度；

（三）服务项目属于本办法第五条规定范围的，已取得有关主管部门同意的文件。

第七条　从事经营性互联网信息服务，应当向省、自治区、直辖市电信管理机构或者国务院信息产业主管部门申请办理互联网信息服务增值电信业务经营许可证（以下简称经营许可证）。

省、自治区、直辖市电信管理机构或者国务院信息产业主管部门应当自收到申请之日起 60 日内审查完毕，作出批准或者不予批准的决定。予以批准的，颁发经营许可证；不予批准的，应当书面通知申请人并说明理由。

申请人取得经营许可证后，应当持经营许可证向企业登记机关办理登记手续。

第八条　从事非经营性互联网信息服务，应当向省、自治区、直辖市电信管理机构或者国务院信息产业主管部门办理备案手续。办理备案时，应当提交下列材料：

（一）主办单位和网站负责人的基本情况；

（二）网站网址和服务项目；

（三）服务项目属于本办法第五条规定范围的，已取得有关主管部门的同意文件。

省、自治区、直辖市电信管理机构对备案材料齐全的，应当予以备案并编号。

第九条　从事互联网信息服务，拟开办电子公告服务的，应当在申请经营性互联网信息服务许可或者办理非经营性互联网信息服务备案时，按照国家有关规定提出专项申请或者专项备案。

第十条　省、自治区、直辖市电信管理机构和国务院信息产业主管部门应当公布取得经营许可证或者已履行备案手续的互联网信息服务提供者名单。

第十一条　互联网信息服务提供者应当按照经许可或者备案的项目提供服务，不得超出经许可或者备案的项目提供服务。

非经营性互联网信息服务提供者不得从事有偿服务。

互联网信息服务提供者变更服务项目、网站网址等事项的，应当提前 30 日向原审核、发证或者备案机关办理变更手续。

第十二条　互联网信息服务提供者应当在其网站主页的

显著位置标明其经营许可证编号或者备案编号。

第十三条　互联网信息服务提供者应当向上网用户提供良好的服务，并保证所提供的信息内容合法。

第十四条　从事新闻、出版以及电子公告等服务项目的互联网信息服务提供者，应当记录提供的信息内容及其发布时间、互联网地址或者域名；互联网接入服务提供者应当记录上网用户的上网时间、用户账号、互联网地址或者域名、主叫电话号码等信息。

互联网信息服务提供者和互联网接入服务提供者的记录备份应当保存 60 日，并在国家有关机关依法查询时，予以提供。

第十五条　互联网信息服务提供者不得制作、复制、发布、传播含有下列内容的信息：

（一）反对宪法所确定的基本原则的；

（二）危害国家安全，泄露国家秘密，颠覆国家政权，破坏国家统一的；

（三）损害国家荣誉和利益的；

（四）煽动民族仇恨、民族歧视，破坏民族团结的；

（五）破坏国家宗教政策，宣扬邪教和封建迷信的；

（六）散布谣言，扰乱社会秩序，破坏社会稳定的；

（七）散布淫秽、色情、赌博、暴力、凶杀、恐怖或者教唆犯罪的；

（八）侮辱或者诽谤他人，侵害他人合法权益的；

（九）含有法律、行政法规禁止的其他内容的。

第十六条 互联网信息服务提供者发现其网站传输的信息明显属于本办法第十五条所列内容之一的，应当立即停止传输，保存有关记录，并向国家有关机关报告。

第十七条 经营性互联网信息服务提供者申请在境内境外上市或者同外商合资、合作，应当事先经国务院信息产业主管部门审查同意；其中，外商投资的比例应当符合有关法律、行政法规的规定。

第十八条 国务院信息产业主管部门和省、自治区、直辖市电信管理机构，依法对互联网信息服务实施监督管理。

新闻、出版、教育、卫生、药品监督管理、工商行政管理和公安、国家安全等有关主管部门，在各自职责范围内依法对互联网信息内容实施监督管理。

第十九条 违反本办法的规定，未取得经营许可证，擅自从事经营性互联网信息服务，或者超出许可的项目提供服务的，由省、自治区、直辖市电信管理机构责令限期改正，有违法所得的，没收违法所得，处违法所得 3 倍以上 5 倍以下的罚款；没有违法所得或者违法所得不足 5 万元的，处 10 万元以上 100 万元以下的罚款；情节严重的，责令关闭网站。

违反本办法的规定，未履行备案手续，擅自从事非经营性互联网信息服务，或者超出备案的项目提供服务的，由省、自治区、直辖市电信管理机构责令限期改正；拒不改正的，责令关闭网站。

第二十条 制作、复制、发布、传播本办法第十五条所列内容之一的信息，构成犯罪的，依法追究刑事责任；尚不构成犯罪的，由公安机关、国家安全机关依照《中华人民共和国治安管理处罚法》、《计算机信息网络国际联网安全保护管理办法》等有关法律、行政法规的规定予以处罚；对经营性互联网信息服务提供者，并由发证机关责令停业整顿直至吊销经营许可证，通知企业登记机关；对非经营性互联网信息服务提供者，并由备案机关责令暂时关闭网站直至关闭网站。

第二十一条 未履行本办法第十四条规定的义务的，由省、自治区、直辖市电信管理机构责令改正；情节严重的，责令停业整顿或者暂时关闭网站。

第二十二条 违反本办法的规定，未在其网站主页上标明其经营许可证编号或者备案编号的，由省、自治区、直辖市电信管理机构责令改正，处 5000 元以上 5 万元以下的罚款。

第二十三条 违反本办法第十六条规定的义务的，由省、自治区、直辖市电信管理机构责令改正；情节严重的，对经营性互联网信息服务提供者，并由发证机关吊销经营许可证，对非经营性互联网信息服务提供者，并由备案机关责令关闭网站。

第二十四条 互联网信息服务提供者在其业务活动中，违反其他法律、法规的，由新闻、出版、教育、卫生、药品监督管理和工商行政管理等有关主管部门依照有关法律、法规的规定处罚。

第二十五条 电信管理机构和其他有关主管部门及其工作人员，玩忽职守、滥用职权、徇私舞弊，疏于对互联网信息服务的监督管理，造成严重后果，构成犯罪的，依法追究刑事责任；尚不构成犯罪的，对直接负责的主管人员和其他直接责任人员依法给予降级、撤职直至开除的行政处分。

第二十六条 在本办法公布前从事互联网信息服务的，应当自本办法公布之日起 60 日内依照本办法的有关规定补办有关手续。

第二十七条 本办法自公布之日起施行。

网络信息内容生态治理规定

（2019 年 12 月 15 日国家互联网信息办公室令第 5 号公布　自 2020 年 3 月 1 日起施行）

第一章　总　　则

第一条　为了营造良好网络生态，保障公民、法人和其他组织的合法权益，维护国家安全和公共利益，根据《中华人民共和国国家安全法》《中华人民共和国网络安全法》《互联网信息服务管理办法》等法律、行政法规，制定本规定。

第二条　中华人民共和国境内的网络信息内容生态治理活动，适用本规定。

本规定所称网络信息内容生态治理，是指政府、企业、社会、网民等主体，以培育和践行社会主义核心价值观为根本，以网络信息内容为主要治理对象，以建立健全网络综合治理体系、营造清朗的网络空间、建设良好的网络生态为目标，开展的弘扬正能量、处置违法和不良信息等相关活动。

第三条　国家网信部门负责统筹协调全国网络信息内容生态治理和相关监督管理工作，各有关主管部门依据各自职责做好网络信息内容生态治理工作。

地方网信部门负责统筹协调本行政区域内网络信息内容生态治理和相关监督管理工作，地方各有关主管部门依据各自职责做好本行政区域内网络信息内容生态治理工作。

第二章　网络信息内容生产者

第四条　网络信息内容生产者应当遵守法律法规，遵循公序良俗，不得损害国家利益、公共利益和他人合法权益。

第五条　鼓励网络信息内容生产者制作、复制、发布含有下列内容的信息：

（一）宣传习近平新时代中国特色社会主义思想，全面准确生动解读中国特色社会主义道路、理论、制度、文化的；

（二）宣传党的理论路线方针政策和中央重大决策部署的；

（三）展示经济社会发展亮点，反映人民群众伟大奋斗和火热生活的；

（四）弘扬社会主义核心价值观，宣传优秀道德文化和时代精神，充分展现中华民族昂扬向上精神风貌的；

（五）有效回应社会关切，解疑释惑，析事明理，有助于引导群众形成共识的；

（六）有助于提高中华文化国际影响力，向世界展现真实立体全面的中国的；

（七）其他讲品味讲格调讲责任、讴歌真善美、促进团结稳定等的内容。

第六条 网络信息内容生产者不得制作、复制、发布含有下列内容的违法信息：

（一）反对宪法所确定的基本原则的；

（二）危害国家安全，泄露国家秘密，颠覆国家政权，破坏国家统一的；

（三）损害国家荣誉和利益的；

（四）歪曲、丑化、亵渎、否定英雄烈士事迹和精神，以侮辱、诽谤或者其他方式侵害英雄烈士的姓名、肖像、名誉、荣誉的；

（五）宣扬恐怖主义、极端主义或者煽动实施恐怖活动、极端主义活动的；

（六）煽动民族仇恨、民族歧视，破坏民族团结的；

（七）破坏国家宗教政策，宣扬邪教和封建迷信的；

（八）散布谣言，扰乱经济秩序和社会秩序的；

（九）散布淫秽、色情、赌博、暴力、凶杀、恐怖或者教唆犯罪的；

（十）侮辱或者诽谤他人，侵害他人名誉、隐私和其他合法权益的；

（十一）法律、行政法规禁止的其他内容。

第七条　网络信息内容生产者应当采取措施，防范和抵制制作、复制、发布含有下列内容的不良信息：

（一）使用夸张标题，内容与标题严重不符的；

（二）炒作绯闻、丑闻、劣迹等的；

（三）不当评述自然灾害、重大事故等灾难的；

（四）带有性暗示、性挑逗等易使人产生性联想的；

（五）展现血腥、惊悚、残忍等致人身心不适的；

（六）煽动人群歧视、地域歧视等的；

（七）宣扬低俗、庸俗、媚俗内容的；

（八）可能引发未成年人模仿不安全行为和违反社会公德行为、诱导未成年人不良嗜好等的；

（九）其他对网络生态造成不良影响的内容。

第三章　网络信息内容服务平台

第八条　网络信息内容服务平台应当履行信息内容管理主体责任，加强本平台网络信息内容生态治理，培育积极健康、向上向善的网络文化。

第九条　网络信息内容服务平台应当建立网络信息内容生态治理机制，制定本平台网络信息内容生态治理细则，健全用户注册、账号管理、信息发布审核、跟帖评论审核、版面页面生态管理、实时巡查、应急处置和网络谣言、黑色产业链信息处置等制度。

网络信息内容服务平台应当设立网络信息内容生态治理负责人，配备与业务范围和服务规模相适应的专业人员，加强培训考核，提升从业人员素质。

第十条　网络信息内容服务平台不得传播本规定第六条规定的信息，应当防范和抵制传播本规定第七条规定的信息。

网络信息内容服务平台应当加强信息内容的管理，发现本规定第六条、第七条规定的信息的，应当依法立即采取处置措施，保存有关记录，并向有关主管部门报告。

第十一条 鼓励网络信息内容服务平台坚持主流价值导向，优化信息推荐机制，加强版面页面生态管理，在下列重点环节（包括服务类型、位置版块等）积极呈现本规定第五条规定的信息：

（一）互联网新闻信息服务首页首屏、弹窗和重要新闻信息内容页面等；

（二）互联网用户公众账号信息服务精选、热搜等；

（三）博客、微博客信息服务热门推荐、榜单类、弹窗及基于地理位置的信息服务版块等；

（四）互联网信息搜索服务热搜词、热搜图及默认搜索等；

（五）互联网论坛社区服务首页首屏、榜单类、弹窗等；

（六）互联网音视频服务首页首屏、发现、精选、榜单类、弹窗等；

（七）互联网网址导航服务、浏览器服务、输入法服务首页首屏、榜单类、皮肤、联想词、弹窗等；

（八）数字阅读、网络游戏、网络动漫服务首页首屏、精选、榜单类、弹窗等；

（九）生活服务、知识服务平台首页首屏、热门推荐、弹窗等；

（十）电子商务平台首页首屏、推荐区等；

（十一）移动应用商店、移动智能终端预置应用软件和内置信息内容服务首屏、推荐区等；

（十二）专门以未成年人为服务对象的网络信息内容专栏、专区和产品等；

（十三）其他处于产品或者服务醒目位置、易引起网络信息内容服务使用者关注的重点环节。

网络信息内容服务平台不得在以上重点环节呈现本规定第七条规定的信息。

第十二条 网络信息内容服务平台采用个性化算法推荐技术推送信息的，应当设置符合本规定第十条、第十一条规定要求的推荐模型，建立健全人工干预和用户自主选择机制。

第十三条 鼓励网络信息内容服务平台开发适合未成年人使用的模式，提供适合未成年人使用的网络产品和服务，便利未成年人获取有益身心健康的信息。

第十四条 网络信息内容服务平台应当加强对本平台设置的广告位和在本平台展示的广告内容的审核巡查，对发布违法广告的，应当依法予以处理。

第十五条 网络信息内容服务平台应当制定并公开管理

规则和平台公约，完善用户协议，明确用户相关权利义务，并依法依约履行相应管理职责。

网络信息内容服务平台应当建立用户账号信用管理制度，根据用户账号的信用情况提供相应服务。

第十六条　网络信息内容服务平台应当在显著位置设置便捷的投诉举报入口，公布投诉举报方式，及时受理处置公众投诉举报并反馈处理结果。

第十七条　网络信息内容服务平台应当编制网络信息内容生态治理工作年度报告，年度报告应当包括网络信息内容生态治理工作情况、网络信息内容生态治理负责人履职情况、社会评价情况等内容。

第四章　网络信息内容服务使用者

第十八条　网络信息内容服务使用者应当文明健康使用网络，按照法律法规的要求和用户协议约定，切实履行相应义务，在以发帖、回复、留言、弹幕等形式参与网络活动时，文明互动，理性表达，不得发布本规定第六条规定的信息，防范和抵制本规定第七条规定的信息。

第十九条　网络群组、论坛社区版块建立者和管理者应当履行群组、版块管理责任，依据法律法规、用户协议和平台公约等，规范群组、版块内信息发布等行为。

第二十条　鼓励网络信息内容服务使用者积极参与网络信息内容生态治理，通过投诉、举报等方式对网上违法和不良信息进行监督，共同维护良好网络生态。

第二十一条　网络信息内容服务使用者和网络信息内容生产者、网络信息内容服务平台不得利用网络和相关信息技术实施侮辱、诽谤、威胁、散布谣言以及侵犯他人隐私等违法行为，损害他人合法权益。

第二十二条　网络信息内容服务使用者和网络信息内容生产者、网络信息内容服务平台不得通过发布、删除信息以及其他干预信息呈现的手段侵害他人合法权益或者谋取非法利益。

第二十三条　网络信息内容服务使用者和网络信息内容生产者、网络信息内容服务平台不得利用深度学习、虚拟现实等新技术新应用从事法律、行政法规禁止的活动。

第二十四条　网络信息内容服务使用者和网络信息内容生产者、网络信息内容服务平台不得通过人工方式或者技术手段实施流量造假、流量劫持以及虚假注册账号、非法交易账号、操纵用户账号等行为，破坏网络生态秩序。

第二十五条　网络信息内容服务使用者和网络信息内容生产者、网络信息内容服务平台不得利用党旗、党徽、国旗、国徽、国歌等代表党和国家形象的标识及内容，或者借国家重大活动、重大纪念日和国家机关及其工作人员名义等，违法违规开展网络商业营销活动。

第五章　网络行业组织

第二十六条　鼓励行业组织发挥服务指导和桥梁纽带作用，引导会员单位增强社会责任感，唱响主旋律，弘扬正能量，反对违法信息，防范和抵制不良信息。

第二十七条　鼓励行业组织建立完善行业自律机制，制定网络信息内容生态治理行业规范和自律公约，建立内容审核标准细则，指导会员单位建立健全服务规范、依法提供网络信息内容服务、接受社会监督。

第二十八条　鼓励行业组织开展网络信息内容生态治理教育培训和宣传引导工作，提升会员单位、从业人员治理能力，增强全社会共同参与网络信息内容生态治理意识。

第二十九条　鼓励行业组织推动行业信用评价体系建设，依据章程建立行业评议等评价奖惩机制，加大对会员单位的激励和惩戒力度，强化会员单位的守信意识。

第六章 监督管理

第三十条 各级网信部门会同有关主管部门，建立健全信息共享、会商通报、联合执法、案件督办、信息公开等工作机制，协同开展网络信息内容生态治理工作。

第三十一条 各级网信部门对网络信息内容服务平台履行信息内容管理主体责任情况开展监督检查，对存在问题的平台开展专项督查。

网络信息内容服务平台对网信部门和有关主管部门依法实施的监督检查，应当予以配合。

第三十二条 各级网信部门建立网络信息内容服务平台违法违规行为台账管理制度，并依法依规进行相应处理。

第三十三条 各级网信部门建立政府、企业、社会、网民等主体共同参与的监督评价机制，定期对本行政区域内网络信息内容服务平台生态治理情况进行评估。

第七章 法 律 责 任

第三十四条 网络信息内容生产者违反本规定第六条规定的，网络信息内容服务平台应当依法依约采取警示整改、限制功能、暂停更新、关闭账号等处置措施，及时消除违法信息内容，保存记录并向有关主管部门报告。

第三十五条 网络信息内容服务平台违反本规定第十条、第三十一条第二款规定的，由网信等有关主管部门依据职责，按照《中华人民共和国网络安全法》《互联网信息服务管理办法》等法律、行政法规的规定予以处理。

第三十六条 网络信息内容服务平台违反本规定第十一条第二款规定的，由设区的市级以上网信部门依据职责进行约谈，给予警告，责令限期改正；拒不改正或者情节严重的，责令暂停信息更新，按照有关法律、行政法规的规定予以处理。

第三十七条 网络信息内容服务平台违反本规定第九条、第十二条、第十五条、第十六条、第十七条规定的，由设区的市级以上网信部门依据职责进行约谈，给予警告，责令限期改正；拒不改正或者情节严重的，责令暂停信息更新，按照有关法律、行政法规的规定予以处理。

第三十八条 违反本规定第十四条、第十八条、第十九条、第二十一条、第二十二条、第二十三条、第二十四条、第二十五条规定的，由网信等有关主管部门依据职责，按照有关法律、行政法规的规定予以处理。

第三十九条 网信部门根据法律、行政法规和国家有关规定，会同有关主管部门建立健全网络信息内容服务严重失信联合惩戒机制，对严重违反本规定的网络信息内容服务平台、网络信息内容生产者和网络信息内容使用者依法依规实施限制从事网络信息服务、网上行为限制、行业禁入等惩戒措施。

第四十条 违反本规定，给他人造成损害的，依法承担民事责任；构成犯罪的，依法追究刑事责任；尚不构成犯罪的，由有关主管部门依照有关法律、行政法规的规定予以处罚。

第八章 附 则

第四十一条 本规定所称网络信息内容生产者，是指制作、复制、发布网络信息内容的组织或者个人。

本规定所称网络信息内容服务平台，是指提供网络信息内容传播服务的网络信息服务提供者。

本规定所称网络信息内容服务使用者，是指使用网络信息内容服务的组织或者个人。

第四十二条　本规定自 2020 年 3 月 1 日起施行。

互联网广告管理办法（节录）

（2023 年 2 月 25 日国家市场监督管理总局令第 72 号公布　自 2023 年 5 月 1 日起施行）

……

第十二条　在针对未成年人的网站、网页、互联网应用程序、公众号等互联网媒介上不得发布医疗、药品、保健食品、特殊医学用途配方食品、医疗器械、化妆品、酒类、美容广告，以及不利于未成年人身心健康的网络游戏广告。

……

互联网信息服务算法推荐管理规定（节录）

（2021 年 12 月 31 日国家互联网信息办公室、中华人民共和国工业和信息化部、中华人民共和国公安部、国家市场监督管理总局令第 9 号公布　自 2022 年 3 月 1 日起施行）

……

第十八条　算法推荐服务提供者向未成年人提供服务的，应当依法履行未成年人网络保护义务，并通过开发适合未成年人使用的模式、提供适合未成年人特点的服务等方式，便利未成年人获取有益身心健康的信息。

算法推荐服务提供者不得向未成年人推送可能引发未成年人模仿不安全行为和违反社会公德行为、诱导未成年人不良嗜好等可能影响未成年人身心健康的信息，不得利用算法推荐服务诱导未成年人沉迷网络。

……

移动互联网应用程序信息服务管理规定（节录）

（2022 年 6 月 14 日国家互联网信息办公室公布
自 2022 年 8 月 1 日起施行）

......

第五条　应用程序提供者和应用程序分发平台应当履行信息内容管理主体责任，积极配合国家实施网络可信身份战略，建立健全信息内容安全管理、信息内容生态治理、数据安全和个人信息保护、未成年人保护等管理制度，确保网络安全，维护良好网络生态。

......

第十三条　应用程序提供者应当坚持最有利于未成年人的原则，关注未成年人健康成长，履行未成年人网络保护各项义务，依法严格落实未成年人用户账号真实身份信息注册和登录要求，不得以任何形式向未成年人用户提供诱导其沉迷的相关产品和服务，不得制作、复制、发布、传播含有危害未成年人身心健康内容的信息。

......

网络直播营销管理办法（试行）（节录）

（2021 年 4 月 16 日　国信办发文〔2021〕5 号）

......

第六条　直播营销平台应当建立健全账号及直播营销功能注册注销、信息安全管理、营销行为规范、未成年人保护、消费者权益保护、个人信息保护、网络和数据安全管理等机制、措施。

直播营销平台应当配备与服务规模相适应的直播内容管理专业人员，具备维护互联网直播内容安全的技术能力，技术方案应符合国家相关标准。

......

第十二条　直播营销平台应当建立健全未成年人保护机制，注重保护未成年人身心健康。网络直播营销中包含可能影响未成年人身心健康内容的，直播营销平台应当在信息展示前以显著方式作出提示。

......

第十七条　直播营销人员或者直播间运营者为自然人

的，应当年满十六周岁；十六周岁以上的未成年人申请成为直播营销人员或者直播间运营者的，应当经监护人同意。

……

关于加强网络直播规范管理
工作的指导意见（节录）

（2021年2月9日　国信办发文〔2021〕3号）

……

6. 加强未成年人保护。网络直播平台应当严禁为未满16周岁的未成年人提供网络主播账号注册服务，为已满16周岁未满18周岁未成年人提供网络主播账号注册服务应当征得监护人同意；应当向未成年人用户提供"青少年模式"，防范未成年人沉迷网络直播，屏蔽不利于未成年人健康成长的网络直播内容，不得向未成年人提供充值打赏服务；建立未成年人专属客服团队，优先受理、及时处置涉未成年人的相关投诉和纠纷，对未成年人冒用成年人账号打赏的，核查属实后须按规定办理退款。

……

四、个人信息网络保护

中华人民共和国民法典（节录）

（2020 年 5 月 28 日第十三届全国人民代表大会第三次会议通过 2020 年 5 月 28 日中华人民共和国主席令第 45 号公布 自 2021 年 1 月 1 日起施行）

……

第一千零三十四条 自然人的个人信息受法律保护。

个人信息是以电子或者其他方式记录的能够单独或者与其他信息结合识别特定自然人的各种信息，包括自然人的姓名、出生日期、身份证件号码、生物识别信息、住址、电话号码、电子邮箱、健康信息、行踪信息等。

个人信息中的私密信息，适用有关隐私权的规定；没有规定的，适用有关个人信息保护的规定。

第一千零三十五条 处理个人信息的，应当遵循合法、正当、必要原则，不得过度处理，并符合下列条件：

（一）征得该自然人或者其监护人同意，但是法律、行政法规另有规定的除外；

（二）公开处理信息的规则；

（三）明示处理信息的目的、方式和范围；

（四）不违反法律、行政法规的规定和双方的约定。

个人信息的处理包括个人信息的收集、存储、使用、加工、传输、提供、公开等。

第一千零三十六条 处理个人信息，有下列情形之一的，行为人不承担民事责任：

（一）在该自然人或者其监护人同意的范围内合理实施的行为；

（二）合理处理该自然人自行公开的或者其他已经合法公开的信息，但是该自然人明确拒绝或者处理该信息侵害其重大利益的除外；

（三）为维护公共利益或者该自然人合法权益，合理实施的其他行为。

第一千零三十七条 自然人可以依法向信息处理者查阅或者复制其个人信息；发现信息有错误的，有权提出异议并请求及时采取更正等必要措施。

自然人发现信息处理者违反法律、行政法规的规定或者双方的约定处理其个人信息的，有权请求信息处理者及时删除。

第一千零三十八条　信息处理者不得泄露或者篡改其收集、存储的个人信息；未经自然人同意，不得向他人非法提供其个人信息，但是经过加工无法识别特定个人且不能复原的除外。

信息处理者应当采取技术措施和其他必要措施，确保其收集、存储的个人信息安全，防止信息泄露、篡改、丢失；发生或者可能发生个人信息泄露、篡改、丢失的，应当及时采取补救措施，按照规定告知自然人并向有关主管部门报告。

第一千零三十九条　国家机关、承担行政职能的法定机构及其工作人员对于履行职责过程中知悉的自然人的隐私和个人信息，应当予以保密，不得泄露或者向他人非法提供。

……

中华人民共和国个人信息保护法（节录）

（2021 年 8 月 20 日第十三届全国人民代表大会常务委员会第三十次会议通过　2021 年 8 月 20 日中华人民共和国主席令第 91 号公布　自 2021 年 11 月 1 日起施行）

......

第二十八条　敏感个人信息是一旦泄露或者非法使用，容易导致自然人的人格尊严受到侵害或者人身、财产安全受到危害的个人信息，包括生物识别、宗教信仰、特定身份、医疗健康、金融账户、行踪轨迹等信息，以及不满十四周岁未成年人的个人信息。

只有在具有特定的目的和充分的必要性，并采取严格保护措施的情形下，个人信息处理者方可处理敏感个人信息。

......

第三十一条　个人信息处理者处理不满十四周岁未成年人个人信息的，应当取得未成年人的父母或者其他监护人的同意。

个人信息处理者处理不满十四周岁未成年人个人信息的，应当制定专门的个人信息处理规则。

……

儿童个人信息网络保护规定

（2019年8月22日国家互联网信息办公室令第4号公布　自2019年10月1日起施行）

第一条　为了保护儿童个人信息安全，促进儿童健康成长，根据《中华人民共和国网络安全法》《中华人民共和国未成年人保护法》等法律法规，制定本规定。

第二条　本规定所称儿童，是指不满十四周岁的未成年人。

第三条　在中华人民共和国境内通过网络从事收集、存储、使用、转移、披露儿童个人信息等活动，适用本规定。

第四条　任何组织和个人不得制作、发布、传播侵害儿童个人信息安全的信息。

第五条　儿童监护人应当正确履行监护职责，教育引导儿童增强个人信息保护意识和能力，保护儿童个人信息安全。

第六条 鼓励互联网行业组织指导推动网络运营者制定儿童个人信息保护的行业规范、行为准则等，加强行业自律，履行社会责任。

第七条 网络运营者收集、存储、使用、转移、披露儿童个人信息的，应当遵循正当必要、知情同意、目的明确、安全保障、依法利用的原则。

第八条 网络运营者应当设置专门的儿童个人信息保护规则和用户协议，并指定专人负责儿童个人信息保护。

第九条 网络运营者收集、使用、转移、披露儿童个人信息的，应当以显著、清晰的方式告知儿童监护人，并应当征得儿童监护人的同意。

第十条 网络运营者征得同意时，应当同时提供拒绝选项，并明确告知以下事项：

（一）收集、存储、使用、转移、披露儿童个人信息的目的、方式和范围；

（二）儿童个人信息存储的地点、期限和到期后的处理方式；

（三）儿童个人信息的安全保障措施；

（四）拒绝的后果；

（五）投诉、举报的渠道和方式；

（六）更正、删除儿童个人信息的途径和方法；

（七）其他应当告知的事项。

前款规定的告知事项发生实质性变化的，应当再次征得儿童监护人的同意。

第十一条 网络运营者不得收集与其提供的服务无关的儿童个人信息，不得违反法律、行政法规的规定和双方的约定收集儿童个人信息。

第十二条 网络运营者存储儿童个人信息，不得超过实现其收集、使用目的所必需的期限。

第十三条 网络运营者应当采取加密等措施存储儿童个人信息，确保信息安全。

第十四条 网络运营者使用儿童个人信息，不得违反法律、行政法规的规定和双方约定的目的、范围。因业务需要，确需超出约定的目的、范围使用的，应当再次征得儿童监护人的同意。

第十五条 网络运营者对其工作人员应当以最小授权为原则，严格设定信息访问权限，控制儿童个人信息知悉范围。工作人员访问儿童个人信息的，应当经过儿童个人信息保护负责人或者其授权的管理人员审批，记录访问情况，并采取技术措施，避免违法复制、下载儿童个人信息。

第十六条　网络运营者委托第三方处理儿童个人信息的，应当对受委托方及委托行为等进行安全评估，签署委托协议，明确双方责任、处理事项、处理期限、处理性质和目的等，委托行为不得超出授权范围。

前款规定的受委托方，应当履行以下义务：

（一）按照法律、行政法规的规定和网络运营者的要求处理儿童个人信息；

（二）协助网络运营者回应儿童监护人提出的申请；

（三）采取措施保障信息安全，并在发生儿童个人信息泄露安全事件时，及时向网络运营者反馈；

（四）委托关系解除时及时删除儿童个人信息；

（五）不得转委托；

（六）其他依法应当履行的儿童个人信息保护义务。

第十七条　网络运营者向第三方转移儿童个人信息的，应当自行或者委托第三方机构进行安全评估。

第十八条　网络运营者不得披露儿童个人信息，但法律、行政法规规定应当披露或者根据与儿童监护人的约定可以披露的除外。

第十九条　儿童或者其监护人发现网络运营者收集、存储、使用、披露的儿童个人信息有错误的，有权要求网络运营者予以更正。网络运营者应当及时采取措施予以更正。

第二十条　儿童或者其监护人要求网络运营者删除其收集、存储、使用、披露的儿童个人信息的，网络运营者应当及时采取措施予以删除，包括但不限于以下情形：

（一）网络运营者违反法律、行政法规的规定或者双方的约定收集、存储、使用、转移、披露儿童个人信息的；

（二）超出目的范围或者必要期限收集、存储、使用、转移、披露儿童个人信息的；

（三）儿童监护人撤回同意的；

（四）儿童或者其监护人通过注销等方式终止使用产品或者服务的。

第二十一条　网络运营者发现儿童个人信息发生或者可能发生泄露、毁损、丢失的，应当立即启动应急预案，采取补救措施；造成或者可能造成严重后果的，应当立即向有关主管部门报告，并将事件相关情况以邮件、信函、电话、推送通知等方式告知受影响的儿童及其监护人，难以逐一告知的，应当采取合理、有效的方式发布相关警示信息。

第二十二条　网络运营者应当对网信部门和其他有关部

门依法开展的监督检查予以配合。

第二十三条　网络运营者停止运营产品或者服务的，应当立即停止收集儿童个人信息的活动，删除其持有的儿童个人信息，并将停止运营的通知及时告知儿童监护人。

第二十四条　任何组织和个人发现有违反本规定行为的，可以向网信部门和其他有关部门举报。

网信部门和其他有关部门收到相关举报的，应当依据职责及时进行处理。

第二十五条　网络运营者落实儿童个人信息安全管理责任不到位，存在较大安全风险或者发生安全事件的，由网信部门依据职责进行约谈，网络运营者应当及时采取措施进行整改，消除隐患。

第二十六条　违反本规定的，由网信部门和其他有关部门依据职责，根据《中华人民共和国网络安全法》《互联网信息服务管理办法》等相关法律法规规定处理；构成犯罪的，依法追究刑事责任。

第二十七条　违反本规定被追究法律责任的，依照有关法律、行政法规的规定记入信用档案，并予以公示。

第二十八条　通过计算机信息系统自动留存处理信息且无法识别所留存处理的信息属于儿童个人信息的，依照其他有关规定执行。

第二十九条　本规定自 2019 年 10 月 1 日起施行。

最高人民法院关于审理使用人脸
识别技术处理个人信息相关民事案件
适用法律若干问题的规定（节录）

（2021 年 7 月 27 日最高人民法院公告公布　自 2021 年 8 月 1 日起施行　法释〔2021〕15 号）

……

第三条　人民法院认定信息处理者承担侵害自然人人格权益的民事责任，应当适用民法典第九百九十八条的规定，并结合案件具体情况综合考量受害人是否为未成年人、告知同意情况以及信息处理的必要程度等因素。

第四条　有下列情形之一，信息处理者以已征得自然人或者其监护人同意为由抗辩的，人民法院不予支持：

（一）信息处理者要求自然人同意处理其人脸信息才提供产品或者服务的，但是处理人脸信息属于提供产品或者服务所必需的除外；

（二）信息处理者以与其他授权捆绑等方式要求自然人同意处理其人脸信息的；

（三）强迫或者变相强迫自然人同意处理其人脸信息的其他情形。

......

五、网络沉迷防治

中华人民共和国家庭教育促进法（节录）

（2021 年 10 月 23 日第十三届全国人民代表大会常务委员会第三十一次会议通过　2021 年 10 月 23 日中华人民共和国主席令第 98 号公布　自 2022 年 1 月 1 日起施行）

……

第二十二条　未成年人的父母或者其他监护人应当合理安排未成年人学习、休息、娱乐和体育锻炼的时间，避免加重未成年人学习负担，预防未成年人沉迷网络。

……

国家新闻出版署关于进一步严格管理
切实防止未成年人沉迷网络游戏的通知

（2021 年 8 月 30 日　　国新出发〔2021〕14 号）

各省、自治区、直辖市新闻出版局，各网络游戏企业，有关行业组织：

一段时间以来，未成年人过度使用甚至沉迷网络游戏问题突出，对正常生活学习和健康成长造成不良影响，社会各方面特别是广大家长反映强烈。为进一步严格管理措施，坚决防止未成年人沉迷网络游戏，切实保护未成年人身心健康，现将有关要求通知如下。

一、严格限制向未成年人提供网络游戏服务的时间。自本通知施行之日起，所有网络游戏企业仅可在周五、周六、周日和法定节假日每日 20 时至 21 时向未成年人提供 1 小时网络游戏服务，其他时间均不得以任何形式向未成年人提供网络游戏服务。

二、严格落实网络游戏用户账号实名注册和登录要求。所有网络游戏必须接入国家新闻出版署网络游戏防沉迷实名验证系统，所有网络游戏用户必须使用真实有效身份信息进行游戏账号注册并登录网络游戏，网络游戏企业不得以任何形式（含游客体验模式）向未实名注册和登录的用户提供游戏服务。

三、各级出版管理部门加强对网络游戏企业落实提供网络游戏服务时段时长、实名注册和登录、规范付费等情况的监督检查，加大检查频次和力度，对未严格落实的网络游戏企业，依法依规严肃处理。

四、积极引导家庭、学校等社会各方面营造有利于未成年人健康成长的良好环境，依法履行未成年人监护职责，加强未成年人网络素养教育，在未成年人使用网络游戏时督促其以真实身份验证，严格执行未成年人使用网络游戏时段时长规定，引导未成年人形成良好的网络使用习惯，防止未成年人沉迷网络游戏。

五、本通知所称未成年人是指未满 18 周岁的公民，所称网络游戏企业含提供网络游戏服务的平台。

本通知自 2021 年 9 月 1 日起施行。《国家新闻出版署关于防止未成年人沉迷网络游戏工作的通知》（国新出发〔2019〕34号）相关规定与本通知不一致的，以本通知为准。

国家新闻出版署关于防止
未成年人沉迷网络游戏的通知

（2019 年 10 月 25 日　国新出发〔2019〕34 号）

各省、自治区、直辖市新闻出版局，各网络游戏企业，有关行业组织：

近年来，网络游戏行业在满足群众休闲娱乐需要、丰富人民精神文化生活的同时，也出现一些值得高度关注的问题，特别是未成年人沉迷网络游戏、过度消费等现象，对未成年人身心健康和正常学习生活造成不良影响，社会反映强烈。规范网络游戏服务，引导网络游戏企业切实把社会效益放在首位，有效遏制未成年人沉迷网络游戏、过度消费等行为，保护未成年人身心健康成长，是贯彻落实习近平总书记关于青少年工作重要指示精神、促进网络游戏繁荣健康有序发展的有效举措。现就有关工作事项通知如下。

一、实行网络游戏用户账号实名注册制度。所有网络游戏用户均须使用有效身份信息方可进行游戏账号注册。自本通知施行之日起，网络游戏企业应建立并实施用户实名注册系统，不得以任何形式为未实名注册的新增用户提供游戏服务。自本通知施行之日起 2 个月内，网络游戏企业须要求已有用户全部完成实名注册，对未完成实名注册的用户停止提供游戏服务。对用户提供的实名注册信息，网络游戏企业必须严格按照有关法律法规妥善保存、保护，不得用作其他用途。

网络游戏企业可以对其游戏服务设置不超过 1 小时的游客体验模式。在游客体验模式下，用户无须实名注册，不能充值和付费消费。对使用同一硬件设备的用户，网络游戏企业在 15 天内不得重复提供游客体验模式。

二、严格控制未成年人使用网络游戏时段、时长。每日 22 时至次日 8 时，网络游戏企业不得以任何形式为未成年人提供游戏服务。网络游戏企业向未成年人提供游戏服务的时长，法定节假日每日累计不得超过 3 小时，其他时间每日累计不得超过 1.5 小时。

三、规范向未成年人提供付费服务。网络游戏企业须采取有效措施，限制未成年人使用与其民事行为能力不符的付费服务。网络游戏企业不得为未满 8 周岁的用户提供游戏付费服务。同一网络游戏企业所提供的游戏付费服务，8 周岁以上未满 16 周岁的用户，单次充值金额不得超过 50 元人民币，每月充值金额累计不得超过 200 元人民币；16 周岁以上未满 18 周岁的用户，单次充值金额不得超过 100 元人民币，每月充值金额累计不得超过 400 元人民币。

四、切实加强行业监管。本通知前述各项要求，均为网络游戏上网出版运营的必要条件。各地出版管理部门要切实履行属地监管职责，严格按照本通知要求做好属地网络游戏企业及其网络游戏服务的监督管理工作。对未落实本通知要求的网络游戏企业，各地出版管理部门应责令限期改正；情节严重的，依法依规予以处理，直至吊销相关许可。各地出版管理部门协调有关执法机构做好监管执法工作。

五、探索实施适龄提示制度。网络游戏企业应从游戏内容和功能的心理接受程度、对抗激烈程度、可能引起认知混淆程度、可能导致危险模仿程度、付费消费程度等多维度综合衡量，探索对上网出版运营的网络游戏作出适合不同年龄段用户的提示，并在用户下载、注册、登录页面等位置显著标明。有关行业组织要探索实施适龄提示具体标准规范，督促网络游戏企业落实适龄提示制度。网络游戏企业应注意分析未成年人沉迷的成因，并及时对造成沉迷的游戏内容、功能或者规则进行修改。

六、积极引导家长、学校等社会各界力量履行未成年人监护守护责任，加强对未成年人健康合理使用网络游戏的教导，帮助未成年人树立正确的网络游戏消费观念和行为习惯。

七、本通知所称未成年人是指未满 18 周岁的公民，所称网络游戏企业含提供网络游戏服务的平台。

教育部办公厅等六部门关于进一步加强预防中小学生沉迷网络游戏管理工作的通知

（2021 年 10 月 20 日　教基厅函〔2021〕41 号）

各省、自治区、直辖市教育厅（教委）、党委宣传部、网信办、通信管理局、公安厅（局）、市场监管局（厅、委），新疆生产建设兵团教育局、党委宣传部、网信办、公安局、市场监管局：

为深入贯彻《中华人民共和国未成年人保护法》等法律法规要求，认真落实中央有关未成年人网络环境治理的决策部署，有效预防中小学生沉迷网络游戏，切实促进中小学生健康成长，现就加强预防中小学生沉迷网络游戏管理工作通知如下：

一、确保内容健康干净。各地出版管理部门要引导网络游戏企业开发导向正确、内涵丰厚、种类多样、寓教于乐的网络游戏产品，确保内容优质健康干净。督促网络游戏企业加大内容审核力度，严格落实相关法律法规要求，坚决杜绝网络游戏中含有可能引发中小学生模仿不安全行为、违反社会公德行为和违法犯罪行为的内容，以及恐怖暴力、色情低俗、封建迷信等妨害中小学生身心健康的内容。指导网络游戏企业按照有关规定和标准，对产品进行分类，作出适龄提示，并采取技术措施，避免中小学生接触不适宜的游戏或者游戏功能。要严格执行网络游戏前置审批制度，未经批准的游戏，不得上线运营。

二、落实好防沉迷要求。网络游戏企业要按照《中华人民共和国未成年人保护法》和《国家新闻出版署关于进一步严格管理 切实防止未成年人沉迷网络游戏的通知》（国新出发〔2021〕14 号）规定，严格落实网络游戏用户账号实名注册和登录要求。所有网络游戏用户提交的实名注册信息，必须通过国家新闻出版署网络游戏防沉迷实名验证系统验证。验证为未成年人的用户，必须纳入统一的网络游戏防沉迷管理。网络游戏企业可在周五、周六、周日和法定节假日每日 20 时至 21 时，向中小学生提供 1 小时网络游戏服务，其他时间不得以任何形式向中小学生提供网络游戏服务。

三、严格校内教育管理。地方教育行政部门要指导学校对经申请带入校园的手机等终端产品进行统一管理，严禁带入课堂。学校提供的互联网上网服务设施，应安装未成年人网络保护软件或者采取其他安全保护技术措施。学校教职员工发现学生进入互联网上网服务营业场所时，应当及时予以制止、教育。学校要广泛开展各类文体活动，引导学生培养兴趣爱好，自觉远离不良网络诱惑。要采取多种形式加强网络素养宣传教育，采取科学合理的方式对中小学生沉迷网络行为进行预防和干预，引导中小学生正确认识、科学对待、合理使用网络。

四、推动家校协同发力。地方教育行政部门和学校要加强家校沟通，做好家庭教育指导工作，引导家长充分认识沉迷网络游戏的危害性和加强管理的必要性，形成家校协同育人合力。要督促家长履行好监护责任，发挥好榜样作用，安排好孩子日常学习生活，有意识地让孩子多从事一些家务劳动、户外活动、体育锻炼，帮助孩子养成健康生活方式。学校和家长发现学生有沉迷网络游戏、过度消费等苗头迹象，要相互告知，共同进行教育和引导，及时矫正不良行为，帮助其恢复正常的学习和生活。

五、切实加强监管问责。各地出版管理、网信、通信管理、公安、市场监管等部门要加强对网络游戏企业的事中事后监管，对违反有关规定，上线运营后落实防沉迷措施不到位或擅自添加违法、不良信息内容以及未经审批违法违规运营的网络游戏，要按有关规定予以惩处。网信、市场监管部门对发布不良网络游戏信息、插入网络游戏链接、推送网络游戏广告的中小学在线教育网络平台和产品，要按有关规定及时进行处罚或关停。各地出版管理部门要鼓励相关组织或个人，对未按要求落实实名注册、时段时长限制、充值限制或者涉及不良内容的网络游戏企业和平台进行举报。教育督导部门要将预防中小学生网络沉迷工作纳入对地方政府履行教育职责评价和责任督学日常监督范围，并将督导结果作为评价地方教育工作和学校管理工作成效的重要内容。

未成年人网络游戏成瘾综合防治工程工作方案

（2013 年 2 月 5 日　文市发〔2013〕9 号）

随着我国互联网使用日益低龄化、便捷化，未成年人沉迷网络游戏直至成瘾已成为一个严重的社会问题，严重影响未成年人的学习生活和身心健康，甚至成为青少年违法犯罪的重要诱因之一。中央领导对此高度重视，相关部门出台了一系列旨在保护未成年人健康上网的政策法规，近年来，学校和家庭不断加大对未成年人上网监督和管束，取得了积极成效，但仍未从根本上缓解我国未成年人网络游戏成瘾日趋严峻的态势。

为贯彻落实党的十七届六中全会、十八大精神和中央领导同志有关网瘾综合防治的批示精神，发展健康向上的网络文化，坚持未成年人保护优先原则，努力减少网瘾对未成年人的危害，全国网吧和网络游戏管理工作协调小组决定从网络游戏成瘾入手，实施未成年人网络游戏成瘾综合防治工程。

一、总体要求

未成年人网络游戏成瘾综合防治工程的总体要求是：坚持未成年人保护优先原则，充分发挥各级网吧和网络游戏管理工作协调小组作用，以预防、干预、控制网瘾为主线，加强网瘾基础研究，抓紧明确网瘾干预机构及其从业人员的法律地位，完善相关管理制度，全面落实网吧和网络游戏市场的日常监管措施，依法打击违法违规经营活动，净化网络文化环境，减少网瘾对未成年人的危害。

在工程实施过程中，以分步实施为原则，科学设置近、中、远期目标。着力建立健全长效防治机制，防控治并举，预防为先，实施综合治理；着力推动向基层延伸，拓展网瘾防治覆盖范围；着力运用法律、行政、经济、教育等多种手段，强化家庭、学校的教育监护责任和企业的社会责任。

近期目标：2012年至2013年，建立未成年人网络游戏成瘾综合防治工作机制；推动出台本土化预测和诊断测评系统，明确网瘾干预机构的法律地位和监管职责；进一步完善、落实网吧和网络游戏市场管理制度规范，加强对网络游戏研发、运营单位的引导。

中期目标：开展网瘾防治的基础性和应用型研究，争取用2至3年时间研制有效预防和干预未成年人网瘾的解决方案；开展重点调查，为准确研判未成年人网瘾情况提供数据支持；建立对网瘾干预机构及其从业人员的监管制度，规范市场秩序。

远期目标：建立健全各项工作制度，调动各方力量，形成政府部门主导、全社会共同参与的未成年人网瘾综合防治的联动格局，有效遏制我国未成年人网瘾趋势。

二、工作重点

（一）研制本土化网瘾预测和诊断测评系统。针对目前我国尚无符合国情的网瘾诊断测评量表的现状，要调动研究机构、精神卫生机构各方的力量，研制本土化的网瘾诊断测评系统，防止由于文化和地域差异等原因在使用外来量表过程中而导致的误诊和误判。同时，开创性地开展网瘾预测工具的研制工作，在未成年人出现网瘾症状前进行有效的事前干预，减少网瘾危害，降低诊疗成本。

（二）完善网瘾综合防治制度规范。按照综合防治的要求，重点围绕网吧、网络游戏、网瘾干预机构的管理，进一步完善、细化相关制度规范，建立健全网瘾综合防治的法制体系。要保持对网吧违规接纳未成年人的高压态势，督促网络游戏经营单位切实落实各项未成年人保护措施。

（三）构建网瘾综合防治联动机制。充分调动企业、家长、学校、社区等社会各方力量，从预防、干预、控制三方面入手，构建企业与家长、家长与学校、未成年人与社区、学校与学术机构之间的联动机制，增加未成年人学习和生活的多样性、丰富性、自主性，努力营造有利于未成年人健康成长的学校、家庭和社区环境。

（四）改进网瘾综合防治舆论工作。基于科研成果加强科学全面的新闻宣传和舆论引导，改变目前媒体多以网瘾的危害和个别严重案例为主的信息传播惯性，积极引导青少年关注和使用网络的正向功能。

三、主要措施

（一）建立健全网瘾综合防治工作机制。依托全国网吧和网络游戏管理工作协调小组，文化部牵头组织开展未成年人网瘾综合防治工作，加强协调配合，各负其责，各尽其能，形成长效机制。

（二）开展网瘾综合防治的基础性和应用型研究。卫生、教育部门要依托精神卫生机构、高校等，开展网瘾防治的基础性和应用型研究。在全国范围内开展一次抽样调查，全面客观地研判我国未成年人网瘾情况，借鉴国外防治经验及做法，研制本土化网瘾预测和诊断测评系统，研究未成年人网瘾形成及发展机制，制定有效预防和干预未成年人网瘾的解决方案，提升我国未成年人网瘾综合防治的科研水平和服务质量。

（三）强化网络游戏市场监管。文化行政部门、新闻出版行政部门要按照"三定"规定及中央编办发〔2009〕35号文件要求，在各自职权范围内，切实履行好网络游戏管理职责，规范网络游戏市场秩序，进一步督促网络游戏经营单位落实"适龄提示"、"网络游戏未成年人家长监护工程"及网络游戏防沉迷系统，为未成年人健康游戏提供良好氛围。

公安机关要为"网络游戏未成年人家长监护工程"的身份验证和网络游戏防沉迷系统的实名验证工作提供支持。通信管理部门要根据有关部门的认定和处罚意见，对未经许可擅自运营网络游戏和运营未经审批、审查或备案的网络游戏的网站，依照有关规定要求配合查处。中国人民银行及其分支机构要对为违法网络游戏经营活动提供网络支付服务的非金融支付机构依法进行处理。

（四）规范网吧经营活动。文化行政部门和文化市场综合执法机构要以网吧违规接纳未成年人为重点，进一步规范网吧市场经营秩序，运用网吧市场监管平台实现网吧用户消费时长提示功能。工商行政部门、公安机关对黑网吧要做到露头就打，通信管理部门要根据有关部门提供的黑网吧名单，通知并监督互联网接入服务者立即终止或暂停接入服务。发挥学校、社区、文化馆、图书馆等公益性上网场所服务功能，为未成年人提供绿色文明上网环境。

（五）积极预防网瘾发生。综治、教育、卫生、共青团等部门要互相配合，重视发挥学校与家庭的积极功能和社区环境的教育功能，丰富青少年的社区生活，引导未成年人科学使用网络，提高网瘾早期识别和干预能力。

（六）提高网瘾干预及控制能力。有关部门要积极研究网瘾干预机构的性质，通过立法明确设置条件和管理规定。依法建立监管制度，公布批准的从事网瘾干预服务的机构名单，对违法设立的机构要及时整治，杜绝违法执业和超范围执业。网瘾干预机构的服务涉及精神障碍诊断、治疗的，应当符合《精神卫生法》的要求。

（七）加大舆论宣传和结对帮扶力度。互联网信息办、文明办要积极开展各类宣传活动，扩大网瘾综合防治各项措施的社会影响，营造有利于防止未成年人沉迷网络的良好社会氛围。共青团组织要发挥少先队辅导员、青年志愿者以及专业社会工作人员的帮扶作用，加强对未成年人及其监护人健康上网的指导，结对帮扶有网络沉迷倾向的未成年人。

（八）开展国际交流与合作。文化、卫生、教育等部门要依托各自的对外交流平台，针对未成年人网瘾防治开展国际学术交流与合作，相互借鉴，提高管理服务水平。

四、工作要求

各地区、各部门要提高对网瘾防治工作必要性和紧迫性的认识，按照方案要求抓好各项任务的落实。

（一）加强组织领导。要将未成年人网瘾防治工作作为一项民心工程和保护未成年人成长的希望工程抓紧抓好。各级网吧和网络游戏管理工作协调小组要继续把整治网吧作为净化社会文化环境的重要内容，可根据实际情况增设网瘾综合防治工作组。

（二）加强协调配合。网吧和网络游戏管理工作协调小组各成员单位要相互协作、密切配合，加强纵向和横向的信息传递、情况沟通，做到信息共享、行动协调，努力形成整体防治的工作格局。

（三）加强经费保障。网瘾综合防治工作是政府履行市场监管和社会管理职能的重要方面，各部门要按职责做好经费保障工作。

附录　典型案例

（一）未成年人网络消费典型案例

案例 1　未成年人超出其年龄智力程度购买
游戏点卡监护人可依法追回充值款

——张某某诉某数码科技有限公司网络买卖合同纠纷案＊

【基本案情】

原告张某某的女儿张小某，出生于 2011 年，为小学五年级学生。张小某于 2022 年 4 月 19 日晚上在原告不知情的情况下使用原告的手机通过某直播平台，在主播诱导下通过原告支付宝账户支付给被告某数码科技有限公司经营的"某点卡专营店"5949.87 元，用于购买游戏充值点卡，共计 4 笔。该 4 笔交易记录发生在 2022 年 4 月 19 日 21 时 07 分 53 秒至 2022 年 4 月 19 日 21 时 30 分 00 秒。原告认为，张小某作为限制民事行为能力人使用原告手机在半个小时左右的时间里从被告处购买游戏充值点卡达到 5949.87 元，并且在当天相近时间段内向其他游戏点卡网络经营者充值及进行网络直播打赏等消费 10 余万元，显然已经超出与其年龄、智力相适宜的范围，被告应当予以返还，遂诉至法院请求被告返还充值款 5949.87 元。

＊　该案例选自最高人民法院 2023 年 3 月 15 日发布的《网络消费典型案例》。

【裁判结果】

审理法院认为：限制民事行为能力人实施的纯获利益的民事法律行为或者与其年龄、智力、精神状况相适应的民事法律行为有效；实施的其他民事法律行为经法定代理人同意或者追认后有效。本案中，原告张某某的女儿张小某为限制民事行为能力人，张小某使用其父支付宝账号分 4 次向被告经营的点卡专营店共支付 5949.87 元，该行为明显已经超出与其年龄、智力相适宜的程度，现原告对张小某的行为不予追认，被告应当将该款项退还原告。依据《中华人民共和国民法典》第十九条、第二十三条、第二十七条、第一百四十五条规定，判令被告返还原告充值款 5949.87 元。

【典型意义】

当前，随着互联网的普及，未成年人上网行为日常化，未成年人网络打赏、网络充值行为时有发生。本案裁判结合原告女儿在相近时间内其他充值打赏行为等情况，认定案涉充值行为明显超出与其年龄、智力相适宜的程度，被告应当返还充值款，依法维护未成年人合法权益，有利于为未成年人健康成长营造良好的网络空间和法治环境。

案例2　李某某诉某电子商务有限公司网络服务合同纠纷案

——未成年人实施与其年龄、智力不相符的支付行为无效 *

【基本案情】

14周岁的原告李某某在父母不知情的情况下，通过某平台先后七次从被告经营的网店"×游戏"购买374个游戏账号，共计支付36652元，上述游戏账号内的装备都是皮肤、面具、小花裙子等。原告父母次日发现后，及时与被告经营网店的客服人员联系，表示对原告购买游戏账号及付款行为不予追认并要求被告退款，被告不同意全额退款。

【裁判结果】

法院经审理认为，原告李某某案发时未成年，属于限制民事行为能力人，购买游戏账号支付36652元的行为，显然与其年龄、智力不相适应，李某某的法定代理人亦明确表示对该行为不予追认，故原告李某某实施的购买行为无效，判

---

* 该案例选自最高人民法院2022年3月2日发布的《未成年人权益司法保护典型案例》。

决被告向原告全额返还购买游戏账号款 36652 元。

【典型意义】

本案主要涉及未成年人实施与其年龄、智力不相适应的支付行为的效力问题。根据民法典的规定，8 周岁以上未成年人实施与其年龄、智力不相适应的购买支付行为，在未得到其家长或者其他法定代理人追认的情况下，其购买支付行为无效，经营者应当依法返还价款。本案提醒广大家长，作为未成年人的监护人，应当加强对孩子的引导、监督，并应保管好自己的手机、银行卡密码，防止孩子用来绑定进行大额支付。网络公司应当进一步强化法律意识和社会责任，依法处理因未成年人实施与其年龄、智力不相符的支付行为所引发的纠纷。

（二） 利用互联网侵害未成年人权益的典型案例[*]

案例 1　被告人林某某通过网约车猥亵儿童案

【基本案情】

2017 年 1 月 7 日 14 时许，被告人林某某驾驶小型轿车通过滴滴软件平台接单，将独自一人坐车的被害人江某某（9 岁）由本市某公交车站附近送往某小区。当车行至某中学侧门附近时，林某某为满足性欲，停车后露出下体欲让坐于副驾驶座的江某某抚摸，遭到拒绝后，又强行对江某某进行猥亵。

【裁判结果】

人民法院经审理认为，被告人林某某猥亵不满十四周岁的儿童，其行为已构成猥亵儿童罪。林某某猥亵儿童，依法应从重处罚。依据刑法有关规定，判决被告人林某某犯猥亵儿童罪，判处有期徒刑二年。

【典型意义】

近年来，网约车因便捷实用，使用人数较多，发展势头迅猛，但网约车监管漏洞引发的社会问题也逐渐暴露，网约车司机殴打、杀害乘客等新闻时常见诸报端。本案被害人母

---

[*]　最高人民法院 2018 年 6 月 1 日发布。

亲因临时有事，通过手机平台预约打车后，被害人在独自乘坐网约车过程中遭到司机猥亵。本案警示：家长要充分认识到未成年人自我防范和自我保护意识较弱这一特点，在无法亲自陪伴时，应尽量为未成年人选择公交车等规范交通工具以保证安全。网约车平台及管理部门要加强监管，提高车内安全监控技术水平，提高驾驶员入行门槛，加大身份识别力度，保障乘车安全。

案例 2　施某通过裸贷敲诈勒索案

【基本案情】

2017 年 3 月 30 日，被害人陈某（17 岁，在校学生）通过 QQ 交流平台联系到被告人施某进行贷款。根据施某要求，陈某提供了裸照及联系方式，但施某并未贷款给陈某，而是以公开裸照信息威胁陈某，勒索人民币 1000 元，陈某一直未付款。施某进一步威胁陈某父母并索要人民币 3000 元，陈某家人未付款而向公安机关报案。因施某的敲诈行为，陈某害怕亲朋好友收到其裸照信息，故而休学在家，学习生活及心理健康遭受严重影响。

【裁判结果】

人民法院经审理认为，施某无视国家法律，以非法占有为目的，敲诈勒索他人财物，数额较大，其行为已构成敲诈勒索罪。施某敲诈勒索未成年人，可从重处罚。施某在犯罪过程中因意志以外的原因而未得逞，属于犯罪未遂，结合其被抓获后如实供述犯罪事实，依法可从轻处罚。依据刑法有关规定，判决施某犯敲诈勒索罪，判处有期徒刑十个月，并处罚金人民币二千元。

【典型意义】

"裸贷"是非法分子借用互联网金融和社交工具为平台和幌子，以让贷款人拍摄"裸照"作"担保"，非法发放高息贷款的行为。因"裸贷"被诈骗、被敲诈勒索的，时有发生。"裸贷"就像一个大坑，一旦陷入，后果不堪设想，有人失去尊严，有人被迫出卖肉体，有人甚至失去生命。本案警示：未成年人或者在校学生应当理性消费，如有债务危机，应当及时和家长沟通或者通过合法途径解决，不能自作主张进行网络贷款。以"裸"换"贷"，既有违公序良俗，也容易让自己沦为严重违法犯罪的受害者。对于已经"裸贷"的，如果遇到以公开自己裸照进行要挟的行为，一定要及时报警，寻求法律保护。

案例3　被告人庞某某等人约网友见面强奸案

【基本案情】

2013年6月，被告人庞某甲（15岁）与被告人庞某乙（18岁）、周某甲（18岁）、周某乙（15岁）、黄某某（15岁）在旅社房间住宿期间，庞某甲提议并经过同意后，通过QQ联系其在互联网上认识的被害人李某（女，13岁，在校学生）到旅社房间。李某到达后随即被庞某甲、庞某乙、周某甲、周某乙、黄某某在房间内强行奸淫。另以相同方式，庞某甲、庞某乙还曾共同强奸李某1次，其中庞某乙强奸未遂；庞某甲还曾单独强奸李某1次。

【裁判结果】

人民法院经审理认为，被告人庞某甲单独或分别伙同被告人庞某乙、被告人周某甲、被告人周某乙、被告人黄某某以暴力、威胁手段对同一幼女实施奸淫，其行为均已构成强奸罪。庞某甲、庞某乙、周某甲、周某乙、黄某某，奸淫未满十四周岁的幼女，庞某甲多次强奸未成年人，依法应从重处罚。庞某甲、周某乙、黄某某犯罪时不满十八周岁；周某乙能自动投案并如实供述犯罪事实，有自首情节；黄某某被抓获后如实供述犯罪事实；庞某乙、周某甲、周某乙、黄某某能赔偿被害人的经济损失，并获得被告人谅解，依法对庞某甲、庞某乙、周某甲从轻处罚，对周某乙、黄某某减轻处罚。依据刑法有关规定，判决被告人庞某甲犯强奸罪，判处有期徒刑十年六个月；判决被告人庞某乙犯强奸罪，判处有期徒刑十年五个月，剥夺政治权利二年；判决被告人周某甲犯强奸罪，判处有期徒刑十年四个月，剥夺政治权利二年；判决被告人周某乙犯强奸罪，判处有期徒刑七年；判决被告人黄某某犯强奸罪，判处有期徒刑七年。

【典型意义】

本案是一起利用网络聊天邀约未成年女学生见面后发生的严重强奸犯罪案件。随着网络科技应用普及，网络交友的便捷、新鲜感使得许多青少年频繁在网络上通过聊天软件交友，又从网上聊天走到现实见面交往。但是未成年人涉世未深，自我保护意识不强，对陌生人防范意识不高，尤其是未成年女性只身与网友见面存在诸多人身安全风险。本案被告人就是在网上邀约一名幼女见面后，与同案被告人对该幼女实施了多人轮奸犯罪行为。虽然被告人已被绳之以法，但已对被害人造成了无法弥补的身心伤害。本案警示：未成年人不宜使用互联网社交网络平台与陌生人交友，切莫单独与网友见面；在遭受侵害后，应立即告知家人并报警，不能因害怕而隐瞒，更不能因恐惧或欺骗再次与网友见面。家庭和学校应加强对未成年人法治教育和德育教育，尤其要提高未成年女学生的人身安全保护意识；及时了解子女网上交友情况。旅店应履行安全管理义务，加强对入住人员审查，尤其要对未与家长同行的未成年人或数名青少年集体开房情况予以警惕，防止违法犯罪情况发生。

案例4　杨某某假借迷信强奸案

【基本案情】

2016年6月至9月，被告人杨某某利用网络通过QQ聊天工具，分别以"张某甲""张某乙""陈某"及"算命先生"身份与被害人刘某某（14岁）、王某某（13岁）、沈某某（15岁）聊天，并以"算命先生"名义谎称被害人如想和"张某甲"等人生活幸福，必须先与"算命先生"发生性关系方可破解。杨某某以上述手段多次诱骗三名被害人在宾馆与其发生性关系。

【裁判结果】

人民法院经审理认为，被告人杨某某违背妇女意志，利用迷信、威胁等手段强行与被害妇女（幼女）发生性关系，其行为已构成强奸罪。杨某某奸淫未满十四周岁的幼女，强奸多名未成年人，依法应从重处罚。依据刑法有关规定，判决被告人杨某某犯强奸罪，判处有期徒刑十三年六个月，剥夺政治权利三年。

【典型意义】

本案是一起通过互联网交友诱骗、威胁少女实施性侵害的严重犯罪案件。三名被害人均是未成年人，其中一名为幼女。被告人通过一人分饰不同角色，利用未成年人年少、幼稚、胆小的弱势，采用迷信、威胁等手段发生性关系，严重损害未成年人身心健康。本案警示：互联网具有虚拟性，使用者可以不具有真实身份，用不同姓名、性别、年龄、职业与人交往，具有较强欺骗性，未成年人不宜使用互联网社交平台与陌生人交友，以免上当受骗。家长和学校要对未成年人加强性知识、性侵害防卫教育，及时了解子女网上交友情况。

案例5　乔某某以视频裸聊方式猥亵儿童案

【基本案情】

被告人乔某某为满足其不良心理需要，于2014年3月至8月间，在自住房电脑上，通过登录QQ添加不满十四周岁的幼女为其好友，并冒充生理老师以视频教学为名，先后诱骗多名幼女与其视频裸聊。

【裁判结果】

人民法院经审理认为，被告人乔某某以刺激或满足其性欲为目的，用视频裸聊方式对多名不满十二周岁的儿童实施猥亵，其行为已构成猥亵儿童罪。乔某某猥亵多名儿童，依法应从重处罚。乔某某被抓获后如实供述犯罪事实，依法可从轻处罚。依据刑法有关规定，判决被告人乔某某犯猥亵儿童罪，判处有期徒刑四年。

【典型意义】

被告人乔某某为了满足自身性欲，采用欺骗手段通过网络视频引诱女童脱光衣服进行裸聊，对儿童身心健康和人格利益造成侵害。这种非直接接触的裸聊行为属于猥亵行为。在互联网时代，不法分子运用网络技术实施传统意义上的犯罪，手段更为隐蔽，危害范围更为广泛。本案警示：未成年人，特别是儿童，不宜单独使用互联网，不宜使用互联网社交平台与陌生人交流，更不能与陌生人视频聊天。未成年人心智发育不完整，识别判断能力差，家长应该控制未成年人使用电子产品和互联网，尤其要关注未成年人使用网络社交平台与陌生人交流；要告知未成年人，无论何种理由，都不能在他人面前或视频下脱去衣服，遇到这种情况应该立即告知父母，中断联系。

案例6 叶某甲通过网络向未成年人贩卖毒品案

【基本案情】

被告人叶某甲（16岁，在校学生）与社会闲散人员交友，社会闲散人员询问叶某甲是否有朋友需要毒品，若有需求可以找其购买，并可以获得好处费。2017年1月至2月期间，叶某乙（15岁、在校学生）因朋友要吸毒请求叶某甲帮忙购买毒品，后通过QQ联系与叶某甲商定毒品交易地点、价格、数量。双方先后三次合计以800元价格交易共约1克甲基苯丙胺。

【裁判结果】

人民法院经审理认为，被告人叶某甲明知是毒品甲基苯丙胺仍多次予以贩卖，情节严重，其行为已构成贩卖毒品罪。叶某甲向在校未成年学生贩卖毒品，应从重处罚；叶某甲犯罪时已满十六周岁未满十八周岁，被抓获后如实供述犯罪事实，依法应当减轻处罚。依据刑法有关规定，判决被告人叶某甲犯贩卖毒品罪，判处有期徒刑一年十个月，并处罚金人民币三千元。

【典型意义】

本案是一起未成年人在校学生之间通过互联网联系后贩卖毒品案件。随着信息网络的普及，网络毒品犯罪呈快速蔓延之势，利用网络向未成年人贩卖毒品更具社会危害性。吸毒贩毒易滋生如卖淫、盗窃、抢劫等其他犯罪行为，涉毒人员也是艾滋病的高危人群。当前，毒品犯罪已由社会进入校园、进入未成年人生活领域，要引起各界高度重视。本案警示：未成年人要正确交友，避免与不良社会闲散人员交往；要深刻认识毒品的危害性，避免被他人引诱沾染恶习。家长要认真履行监护责任，帮助子女禁绝接触毒品的可能性；要经常与子女沟通，及时了解子女生活、学习、交友情况，避免未成年人走上犯罪道路。

案例7　被告人刘某某提供虚假网络技术诈骗案

【基本案情】

2015年8月份，被告人刘某某在互联网发布传授入侵他人电脑技术、教做外挂及教他人用代码开通永久会员等虚假信息，以招收学员骗取费用。被害人张某某（10岁，在校学生）浏览该信息后，通过QQ与刘某某取得联系，并用其父手机通过"支付宝"向刘某某付费，欲学习网络游戏技术，刘某某谎称可以向张某某提供游戏源代码以帮其在网络游戏中获益。而后，刘某某通过互联网多次向张某某出售与其宣扬不符或不能使用的"网游外挂"及配套使用的"模块"，骗取张某某付款共计人民币 133079.6 元。案发后，刘某某亲属向张某某亲属退赔全部经济损失，张某某对刘某某表示谅解。

【裁判结果】

人民法院经审理认为，被告人刘某某以非法占有为目的，利用互联网发布虚假信息多次骗取他人现金，数额巨大，其行为已构成诈骗罪。刘某某利用互联网发布虚假信息，对不特定多数人实施诈骗，可酌情从严惩处。刘某某被抓获后如实供述犯罪事实，亲属代其退赔全部经济损失，获得被害人谅解，依法可从轻处罚。依据刑法有关规定，判决被告人刘某某犯诈骗罪，判处有期徒刑三年，并处罚金人民币五千元。

【典型意义】

随着我国互联网的迅猛发展，网民规模越来越大，网络用户呈低龄化的特点。青少年由于缺乏独立经济能力，又有一定消费需求，加上身心发展尚未成熟，对虚拟网络交易风险缺乏防范意识，很容易成为网络诈骗分子的"囊中之物"。本案被告人利用被害人未成年、社会经验不足，加之被害人家长对孩子日常生活交易常识缺乏教育、引导和监督，轻易利用互联网骗取张某某 13 万余元。本案警示：家长要依法履行监护责任，对未成年人使用电子产品和互联网的时间和内容等要进行引导、监督；要配合电子产品有关功能，及时了解子女用网安全；对孩子可能接触到的大额财物要严加管理，避免陷入网络诈骗。

案例 8　江某某网上虚假销售诈骗案

【基本案情】

被告人江某某在互联网上以虚假出售二手手机的方法实施诈骗，于 2017 年 7 月 11 日骗取被害人李某甲（在校学生）人民币 4000 元，于同月 20 日至 22 日骗取被害人李某乙（16 岁，在校学生）人民币 900 元。江某某的亲属代其退缴赃款人民币 4900 元。

【裁判结果】

人民法院经审理认为，被告人江某某以非法占有为目的，利用互联网发布虚假信息骗取他人财物，数额较大，其行为已构成诈骗罪。江某某利用互联网发布虚假信息，对不特定多数人实施诈骗，可酌情从严惩处。江某某被抓获后如实供述犯罪事实，退赔全部经济损失，依法可从轻处罚。依据刑法有关规定，判决被告人江某某犯诈骗罪，判处有期徒刑八个月，并处罚金人民币五千元。

【典型意义】

本案是利用互联网通过诈骗方式侵害学生合法权益案件。当下，互联网蓬勃发展，学生们广泛运用，但学生的甄别能力不强，自我保护意识薄弱，上当受骗几率较高。本案警示：未成年人在互联网上购物要提高警惕，事先要经父母同意，不得擅自而为。家长要教育子女网上交易的风险，并及时了解子女需求，帮助子女完成网上交易活动。网络电商管理平台应加强对商户资质和日常资信审查，减少、避免网络诈骗等违法犯罪行为的发生。

案例9 王某以招收童星欺骗猥亵儿童案

【基本案情】

2017年4月至6月间，被告人王某利用网上QQ聊天软件，以某公司招收童星需视频考核为名，先后诱骗被害人赵某某（女，10岁）、钱某某（女，12岁）、李某某（女，12岁）与其视频裸聊。

【裁判结果】

人民法院经审理认为，被告人王某以视频裸聊方式猥亵儿童，其行为已构成猥亵儿童罪。王某猥亵儿童，依法应从重处罚。王某被抓获后能如实供述犯罪事实，依法可从轻处罚。依据刑法有关规定，判决被告人王某犯猥亵儿童罪，判处有期徒刑一年十个月。

【典型意义】

网络色情信息的高强度刺激可能使青少年沉溺其中，甚至走上犯罪道路。本案被告人审判时年仅 20 岁，在玩游戏时被当成女性，收到私聊和广告要求其裸聊和做动作，了解了这种方法之后，由于正值青春期，也想尝试一下，于是编造传媒公司名字，以招收童星考核身材为名，要求幼女与其裸聊，寻求刺激。本案被害人都是幼女，对于不良信息的辨别力差，缺乏基本性知识，对自己行为的性质没有清晰认识，希望成为童星因此被利用。在这个过程中，父母的监管是缺失的，孩子的网络行为没有受到干预和引导，对他们接受的网络信息缺乏甄选。本案警示：家长对孩子使用电子产品和互联网行为不能不管不问，要帮助子女识别色情、暴力、毒品信息，否则极有可能使孩子受到网络色情、暴力、毒品的侵害；要加强对未成年子女的自我保护和风险防范教育。互联网监管部门，应该加强净化网络环境治理，设置浏览级别限制，引导未成年人正确使用网络，促进其健康成长。

案例 10　付某某诉某网络公司、某教育
中心名誉权、隐私权纠纷案

【基本案情】

2014 年 2 月至同年 6 月，路透社经与某教育中心联系，某教育中心口头同意路透社前往该中心进行采访。路透社与某网络公司签订协议，某网络公司于 2014 年 7 月 1 日至 2015 年 6 月 30 日期间可转载其文件。2014 年 7 月 7 日，某网络公司旗下的某网站刊出一组《探访北京戒网瘾学校》相关内容的照片和文章，相关网页第一张照片为付某某正面全身照，该图片为付某某坐在汽车后排座中间，左右各有一名成年人。付某某头微微低下，目光朝下，但图片没有打马赛克或者做其他模糊处理。该图片配有说明："北京某教育中心是一所戒网瘾学校，学校通过军事化管理帮助青少年戒除网瘾。目前，类似这样的戒网瘾学校在中国已经多达 250 所。为了帮助孩子戒除网瘾，很多父母将孩子送到戒网瘾学校，让他们接受心理测验和军事化训练。"另，付某某全身照还出现在第二十一张照片中，该图片中付某某身穿便装，在沙发上与另外两名身着迷彩服的同龄女生交谈。付某某手托下巴，头朝向另外两名女生。该照片配有说明："5 月 22 日，

北京某教育中心，一名刚到中心的女孩子正与其他学生交谈，在父母的要求下，这名女孩到这里戒瘾。"

【裁判结果】

人民法院经审理后认为，网络服务提供者在刊载网络信息时，应特别注意对未成年人个人隐私和个人信息的保护。某网络公司旗下的某网站作为网络服务提供者，转载《探访北京戒网瘾学校》相关内容的照片和文章中，未经法定代理人同意使用未成年人付某某的正面全身照且对其面部图像未进行模糊处理。两张照片均可清晰地辨认出是付某某本人，并配有"一名上网成瘾的女孩"和"这名女孩到这里戒瘾"等文字，侵犯了未成年人隐私权。因某网络公司在国内的影响力，该组照片和文章被大量点击和转载，造成了付某某名誉权受到侵害的事实。依据民法有关规定，判决某网络公司在其某网站上发布向付某某赔礼道歉声明，赔偿付某某精神损害抚慰金一万元、公证费二千五百元、律师费三万元。

【典型意义】

本案中，某网络公司转载的是其他新闻从业机构的新闻成果，并非亲自采访所得，此时新闻转载者也要对新闻内容进行合理审查，确保真实性。某网络公司虽与路透社签订有转载新闻的协议，具有合法转载路透社新闻的权利，但这不能免除其对新闻内容进行合理审查的义务。某网络公司没有尽到善良管理人必要的注意审查义务，所转载的新闻存在基本事实错误，同时还将未成年人个人隐私予以公开，不仅侵害了未成年人的名誉权，也侵害了其隐私权，给未成年人成长带来不利影响。本案警示：新闻自由并非毫无边界，网络服务提供者在转载新闻时，应承担法律规定的审慎义务，特别是在关涉未成年人或重大敏感事件时要更加慎重，不能侵害他人的合法权益。

（三）检察机关加强未成年人网络保护综合履职典型案例*

案例1 孙某某帮助信息网络犯罪活动案

——惩治教育挽救网络诈骗"工具人"

【关键词】

帮助信息网络犯罪活动罪 附条件不起诉 家庭教育指导 异地帮教

【基本案情】

2021年12月26日，孙某某在某聊天网站上看到一条出租银行卡可以赚钱的信息，遂联系同学詹某（已成年，另案处理），利用詹某身份证办理4张银行卡，并将银行卡出租给他人用于信息网络犯罪支付结算。经查，涉案银行卡单向资金流入金额为人民币108万元，其中9.8万元系涉诈骗资金。鉴于孙某某到案后如实供述自己的罪行，犯罪时系未成年人，有悔罪表现，具有认罪认罚等情节，可能被判处一年有期徒刑以下刑罚，检察机关依法对其作出附条件不起诉决定，十个月的考验期满后，依法对孙某某作出不起诉决定。

---

* 最高人民检察院2023年5月31日发布。

【检察机关履职情况】

（一）积极开展家庭教育指导，督促监护人切实履行监护职责。针对孙某某家庭监护缺位，导致其无节制使用手机网络，直至走上违法犯罪道路的问题，吉林省大安市人民检察院向孙某某父亲（孙某某父母离异，随父亲共同生活）发出"督促监护令"，并联合公安局、团市委、市妇联、法律援助中心共同开展家庭教育指导。同时，检察机关聘请专业司法社工从限制手机使用时间、加强亲子交流、提供多样化活动和学习机会等几方面帮助制定家庭监护计划，并定期对计划执行情况进行回访，帮助孙某某养成合理、安全使用手机网络的生活习惯。

（二）跨省异地协作，有针对性开展考察帮教。检察机关根据孙某某及其家人申请，委托孙某某户籍地检察机关开展异地考察帮教。两地检察机关共同研究制定有针对性的帮教方案，帮助孙某某着重提升法律意识和辨别是非能力、树立正确金钱观和消费观、提高就业知识和技能；建立严格的考察监督机制，定期回访和不定期抽查相结合，全面掌握孙某某考察期间思想、生活状况；创新沟通协调方式，通过远程视频会议系统实现两地检察机关和孙某某的三方会面，保证帮教工作顺利开展。

（三）坚持诉源治理，积极开展"反诈进校园"活动。结合本案反映出的问题，检察机关走进校园，系统讲解常见涉网络犯罪的基本特征与法律责任，帮助未成年人提高警惕意识，避免因无知和大意而被卷入涉网络犯罪。同时，积极与教育部门共同开设"线上云课堂"，加强以案释法，帮助未成年人及其监护人提升网络安全意识。

【典型意义】

一些信息网络犯罪团伙利用未成年人心智不成熟、法律意识淡薄等特点，使未成年人成为信息网络诈骗活动的"工具人"。办理此类案件，检察机关应坚持最有利于未成年人的原则，认真落实宽严相济刑事政策，对初犯、偶犯，特别是仅出售个人少量银行卡、违法所得数额不大且认罪认罚的未成年人，严格把握起诉标准，全面落实未成年人特殊制度，为其回归社会预留通道，采取家庭教育指导等综合司法保护措施，助其迷途知返。同时，坚持诉源治理，积极推进"反诈进校园"活动，深入开展法治宣传教育，提升未成年人法治意识，避免因无知和大意而被卷入网络犯罪。

案例2　高某某盗窃案

——依法综合履职做实预防未成年人沉迷网络治理

【关键词】

不起诉精准帮教　预防未成年人沉迷网络　社会治理检察建议

【基本案情】

2022年5月至6月，高某某先后多次采用偷拿他人手机进行转账的方式，窃取他人支付宝和银行卡账户中的钱款人民币1万余元，用于网络游戏账号充值和购买装备。2022年6月28日，公安机关以高某某涉嫌盗窃罪移送审查起诉，鉴于高某某犯罪时系未成年人，具有自首、认罪认罚、积极退赔损失并取得被害人谅解等情节，检察机关依法对其作出相对不起诉决定。

【检察机关履职情况】

（一）深挖犯罪根源，精准开展矫治教育。上海市浦东新区人民检察院通过社会调查发现，高某某通过某手机应用市场下载了一款游戏代练App，为成年客户代练游戏并获取报酬，每天玩游戏时间长达十余个小时，因沉迷网络游戏而诱发犯罪。检察机关在对高某某作出相对不起诉决定后，根据《中华人民共和国预防未成年人犯罪法》的相关规定，联合公安机关、社工以防治网络沉迷、矫正行为偏差为重点，借助数字化监管平台，对其开展矫治教育。同时，针对高某某父亲去世，母亲再婚，由祖父抚养的情况，委托家庭教育指导站提供家庭教育支持，帮助高某某戒除网络依赖。

（二）制发检察建议，助力企业良性发展。检察机关调查发现，开发运营该手机应用市场的公司未经严格审核，为游戏代练 App 进行有偿推广、宣传和分发，引诱、鼓励包括未成年人在内的用户，进行网络游戏代练交易，加剧了未成年人沉迷网络的风险。针对该案暴露出的预防未成年人沉迷网络措施落实不到位问题，检察机关向该公司制发检察建议并进行公开宣告，建议其对所有上架 App 进行全面审查，并建立定期巡查制度，畅通投诉受理途径，健全未成年人保护工作机制。该公司全面接受检察建议，主动下架 10 余款问题软件、游戏，并在公司内部成立"未成年人保护工作小组"，建立季度自查、涉未成年人投诉处理专员等工作机制。

（三）多方协同齐抓共管，系统推进网络沉迷治理。为进一步扩大治理效果，检察机关邀请网信办等主管部门、专家学者与该公司及辖区内相关互联网企业，就网络资源下载平台如何预防未成年人沉迷网络进行研讨，帮助企业提升依法经营意识，完善防沉迷技术措施。检察机关还就网络游戏宣传、推广过程中防沉迷措施的落实，与网络游戏行业协会交换意见，推动协会向成员单位发出倡议，倡导对网络游戏产品进行分类，并作出适龄提示。此外，检察机关开展未成年人网络保护法治课堂，并推动该课堂入驻"支付宝"空间站，联合开发"AR奇妙探险GO"青少年网络安全数字体验活动，促进预防未成年人沉迷网络治理长效长治。

【典型意义】

随着互联网的广泛运用，未成年人沉迷网络现象日益突出，成为未成年人违法犯罪的重要诱因。检察机关办理未成年人涉网络犯罪案件，应当高度关注对涉罪未成年人沉迷网络行为的矫治，通过数字赋能、家庭教育指导等手段对其进行精准帮教。同时，对相关网络产品、服务提供者履行预防未成年人沉迷网络义务的情况进行全面调查，针对网络资源下载平台未履行内容审查义务，对破坏未成年人防沉迷系统的软件进行推广问题，以检察建议督促企业强化落实未成年人网络保护责任。检察机关还可以通过召开座谈会、走访行业协会、加强法治宣传等举措助推政府、企业、社会综合发力、齐抓共管，深入推进未成年人网络防沉迷"系统工程"。

案例 3　朱某某强奸、猥亵儿童、强制猥亵案

——严厉打击网络性侵未成年人犯罪，积极推动诉源治理

【关键词】

网络性侵　从严惩治　心理救助　长效机制

【基本案情】

2019 年至 2020 年，朱某某通过网络社交软件诱骗、胁迫杨某等 8 名未成年人拍摄裸体、敏感部位照片、不雅视频，发送其观看；并以散布裸照、不雅视频相威胁，强迫杨某线下见面，发生性关系。另据查明，2019 年初朱某某以不雅视频相威胁，强行与成年女性秦某某发生性关系。检察机关对该案提起公诉后，法院以强奸罪、猥亵儿童罪、强制猥亵罪判处朱某某有期徒刑十五年六个月，剥夺政治权利一年。

【检察机关履职情况】

（一）深挖细查，全面查清犯罪事实。该案报请审查批捕后，北京市平谷区人民检察院发现除公安机关已认定的 4 名被害人外，朱某某还存在利用网络侵害其他被害人的可能，遂建议公安机关继续侦查，至侦查终结时被害人增至 7 名。审查起诉阶段，检察机关自行侦查，委托鉴定机构及时

恢复并提取朱某某手机中社交软件已删除的数据信息，通过对电子数据梳理审查，追加认定朱某某猥亵另外 2 名未成年人的犯罪事实。

（二）关注未成年被害人身心健康，引导建立良好用网习惯。检察机关在打击犯罪的同时，注重对未成年被害人心理修复，委托专业力量开展心理评估、心理治疗，帮助被害人尽快回归正常学习和生活。通过电话沟通、家庭走访、检校合作等方式持续跟踪回访，帮助被害人建立良好用网习惯。依托"法治副校长"工作机制，线上线下开展网络安全教育和防性侵教育，引导未成年人正确使用网络，提高网络安全意识，阻断伸向未成年人的网络"黑手"。

（三）总结网络性侵类案规律，建设长效预防机制。为减少性侵案件发生，检察机关全面梳理分析本地近三年网络性侵未成年人案件，发现该类案件中，普遍存在被害人在网络上的自我保护意识严重不足，易轻信他人，遭受侵害后因害怕被犯罪分子打击报复而不敢报警等问题。为此，检察机关与网信、网安部门就未成年人网络保护问题进行专题座谈，加强未成年人网络侵害线索移送，促推两部门加强网络平台监督管理。针对涉案某社交软件存在的未成年人网络保护责任未落实问题，检察机关在全市开展排查，就发现的行政主管机关存在监管不到位问题，促推行政主管机关约谈该社交软件运营公司，督促严格落实未成年人网络保护主体责任。

【典型意义】

随着互联网的快速发展，未成年人"触网"低龄化趋势愈发明显，性侵未成年人犯罪已经出现线上线下相互交织的新形态。检察机关在办理网络性侵未成年人案件时，应准确把握网络性侵特点，依法深挖、追诉犯罪，以"零容忍"态度严厉打击。同时，加强未成年被害人保护，开展心理救助，帮助未成年人尽快回归正常生活。注重综合履职，统筹治罪与治理，推动学校、社会、政府等未成年人保护主体协同发力，线上线下一体治理，护航网络时代未成年人健康成长。

案例 4　隋某某猥亵、强奸、敲诈勒索、制作、贩卖、传播淫秽物品牟利案

——疏堵结合，治罪治理并重

【关键词】

网络性侵　畅通线索渠道　阻断传播链条　专项治理

【基本案情】

2022 年 1 月，隋某某使用网络社交软件向未成年被害人刘某某发送淫秽视频，并威胁、诱导刘某某自拍裸体照片和

视频发送给其观看。后以此威胁刘某某发生性关系，并向刘某某索要钱财。同时，隋某某通过网络将上述裸体照片和视频售卖。检察机关对该案提起公诉后，法院以猥亵儿童罪、强奸罪、敲诈勒索罪、制作、贩卖、传播淫秽物品牟利罪判处隋某某有期徒刑十年，并处罚金人民币三千元。

【检察机关履职情况】

（一）落实强制报告，畅通线索渠道。为有效解决侵害未成年人案件线索发现难问题，山东省青岛市崂山区人民检察院推动公安机关设立 110 "涉未成年人强制报告警情专线"，助力实现快速侦破案件和保护救助未成年被害人。未成年被害人刘某某的老师通过强制报告警情专线报警后，公安和检察机关快速反应，实现了及时打击犯罪和救助未成年被害人的双重目标。

（二）阻断传播链条，避免被害人二次伤害。检察机关督促公安机关固定证据后将隋某某缓存的、上传至社交账号、云盘等处的不雅视频进行技术删除，"线上+线下"阻断传播链条。联合公安机关、涉案学校、家长对购买淫秽视频并观看的学生开展分级干预和法治教育，制发"督促监护令"督促父母依法履行监护职责。同时，委托心理咨询师对被害人及其监护人定期开展心理疏导，帮助其走出创伤。

（三）积极促推开展网络空间专项治理，推动未成年人综合保护。检察机关通过法治进校园、举办专题讲座、网络安全知识问答等活动，引导学生正确使用网络，免受不法侵害。推动教育行政主管部门建立网络监管报告机制，及时向公安机关报告违法不良网络信息，已发现并报告违法不良网络信息问题 9 件，有效减少了网络侵害的发生。

【典型意义】

检察机关立足个案保护，坚持"办理一个案子、保护一批孩子"，及时阻断不雅视频传播，帮助未成年被害人及时恢复正常学习和生活。重视检察机关在推进社会治理方面的责任，以"保护一个孩子、预防一片领域"为目标，促推其他保护力量共同开展网络空间专项治理，为未成年人营造更为健康安全的网络环境，提升未成年人综合保护效果。

案例5　冯某隐私权保护案

——依法支持未成年人维权

【关键词】

网络隐私侵权　支持起诉　人格权侵害禁令

【基本案情】

2020 年 10 月至 11 月，未成年人邹某偷拍同学冯某的隐私视频，后发送他人，冯某因此遭受精神困扰。同学项某向邹某索要该视频，并通过网络聊天软件对冯某进行言语骚扰。该视频及相关言论传播至冯某所在学校，使冯某学习和生活受到严重影响。

【检察机关履职情况】

（一）依法支持侵权之诉，充分保障诉权行使。冯某及其监护人向浙江省杭州市上城区人民检察院申请支持起诉维护其隐私权。检察机关对隐私视频内容、网络传播情况开展调查，引导女性法律援助律师对损害结果进行取证，确认冯某精神损害情况。同时委托心理医生稳定冯某情绪，防止造成二次伤害。经调查，检察机关依法支持起诉，并协助提供关键证据。法院支持全部诉讼请求，判决邹某立即停止侵害、书面赔礼道歉以及赔偿精神损害赔偿金。

（二）依法支持申请人格权侵害禁令，积极施措有效救济。冯某向检察机关反映项某曾以隐私视频对其进行网络骚扰，担心不及时制止，自身身心健康将继续受到损害，向检察机关申请支持对项某提出人格权侵害禁令申请。检察机关依法支持申请。法院裁定禁止项某以任何形式存储、控制和传播涉案视频，禁止借涉案视频实施一切骚扰、威胁等行为。裁判后，检察机关主动跟进监督，督促邹某、项某及监护人责任履行到位。冯某接受书面道歉、精神赔偿并获得禁令保护，恢复正常学习生活。

（三）多方共护健康成长，协同提升治理成效。为帮助冯某恢复正常学习生活和对侵权学生进行教育，检察机关一方面引入专业医疗力量，对冯某开展心理干预和治疗，直至其精神恢复、返校学习。另一方面落实家庭保护，约谈侵权学生的监护人并制发"督促监护令"，督促监护人依法履行家庭监护责任。同时，多次走访当事人所在学校，制发检察建议帮助学校建立欺凌防控等工作制度。学校对实施校园欺凌、隐私侵权的学生依规进行了教育处理，通过控制传播和保护隐私等措施，最大程度降低事件对冯某的不良影响。检察机关还联合教育、民政等部门出台相关综合保护工作意见，搭建多方共护平台，共同提升未成年人权益保护成效。

【典型意义】

网络传播未成年人隐私，传播速度快、影响范围广、精神损害大，严重侵犯未成年人人格权益。检察机关充分运用支持起诉职能，以能动司法推动网络保护，既支持未成年人提出隐私侵权之诉维护自身权益，又支持其提出人格权侵害禁令申请，并跟进监督落实，帮助未成年人依法维护自身合法权益。同时，强化诉源治理、注重协同共治，制发"督促监护令"督促父母落实家庭保护责任，制发检察建议促推学校健全欺凌防控等工作制度，全方位提升未成年人权益保护成效。

案例6　肖某某、邓某某侵犯公民个人信息案

——多措并举保护未成年人个人信息安全

【关键词】

未成年人个人信息权益　融合履职　未成年人网络公益保护

【基本案情】

2020年4月至10月，肖某某与邓某某利用发卡平台源码，建立网络交易平台，对外开放注册，供用户进行公民身份证号码、支付宝账户等个人信息非法交易。肖某某还在平台提供资金结算等服务，并按交易额收取服务费，交易总金额超过人民币47万元。截至案发，注册平台的卖家共200余人，非法买卖未成年人个人信息95万余条，被侵害个人信息的未成年人分布在浙江、天津、河北等全国多地，严重损害未成年人合法权益。2021年2月，检察机关对肖某某、邓某某涉嫌侵犯公民个人信息罪提起公诉，法院判处肖某某有期徒刑四年三个月并处罚金，判处邓某某有期徒刑四年并处

罚金。2021 年 10 月，检察机关向法院提起民事公益诉讼，法院判令被告人肖某某、邓某某共同支付损害赔偿款人民币30 万元，并在国家级媒体上向社会公众刊发赔礼道歉声明。

【检察机关履职过程】

（一）一体化协同办案，从严惩处利用互联网信息技术和平台侵害未成年人的刑事犯罪。浙江省杭州市拱墅区人民检察院积极推进一体化协同办案，依托数字化办案手段，将涉案电脑、手机、硬盘、U 盘进行勘验，将几百万条个人信息进行比对、去重，最终精准确定出售和购买的公民个人信息条数。通过对后台数据的再次勘验，调取到每条信息的贩卖价格，最终确定涉案销售总额和违法所得。同时，追诉上游罪犯 1 人，立案监督同案犯 3 人。

（二）依法及时提起公益诉讼，有力维护未成年人合法权益。检察机关从办理刑事案件中发现涉未成年人民事公益诉讼线索，认为肖某某、邓某某在未取得未成年人及其监护人同意的情况下，从他人处购买近百万条未成年人身份信息，并自行组织搭建、运营涉案平台，用以出售并允许他人出售未成年人身份信息，属于非法收集、买卖个人信息的侵权行为。由于被侵权人人数众多、分布全国多地，构成对公共信息安全领域的未成年人公共利益侵害。检察机关依法向肖某某、邓某某提起民事公益诉讼。

（三）建立协作联动机制，形成未成年人个人信息网络保护工作合力。针对案件中发现的用于违法犯罪的网站和注册公司的监管漏洞，以及辖区内可能存在的类似侵害未成年人个人信息安全的违法网站问题，检察机关结合办案延伸履职，加强与网信部门、公安机关协商，建立打击违法网站协作机制，推动解决网络保护监管盲区，实现联动通报、数据共享、类案监督、行刑衔接、社会治理的长效保护机制，完善网络监管，合力营造未成年人网络保护良好环境。

【典型意义】

未成年人个人信息受法律保护。侵犯公民个人信息犯罪具有成本低、获益高的特点，检察机关应当依法严惩通过互联网售卖未成年人个人信息的犯罪行为。在办理涉未成年人刑事案件过程中，应当强化未检"四大检察"融合履职，注重通过公益诉讼等职能手段，更加有力保护公共信息安全领域未成年人合法权益。检察机关应当依法履行法律监督职责，以案件办理推动社会治理，加强与网信、公安机关的协作，建立未成年人个人信息网络保护长效机制，形成未成年人网络保护合力。

图书在版编目（CIP）数据

未成年人网络保护普法手册：双色大字版／中国法制出版社编．—北京：中国法制出版社，2024.1

（法律法规普法手册系列）

ISBN 978-7-5216-3910-0

Ⅰ.①未… Ⅱ.①中… Ⅲ.①未成年人保护法-中国-手册 Ⅳ.①D922.7-62

中国国家版本馆 CIP 数据核字（2023）第 244337 号

责任编辑：程　思　　　　　　　　　　　　封面设计：杨鑫宇

未成年人网络保护普法手册：双色大字版
WEICHENGNIANREN WANGLUO BAOHU PUFA SHOUCE：SHUANGSE DAZIBAN

经销/新华书店
印刷/三河市紫恒印装有限公司
开本/850 毫米×1168 毫米　32 开　　　　　印张/ 5.5　字数/ 69 千
版次/2024 年 1 月第 1 版　　　　　　　　　2024 年 1 月第 1 次印刷

中国法制出版社出版
书号 ISBN 978-7-5216-3910-0　　　　　　　　　定价：24.00 元

北京市西城区西便门西里甲 16 号西便门办公区
邮政编码：100053　　　　　　　　　　　　传真：010-63141600
网址：http：//www.zgfzs.com　　　　　　　**编辑部电话：010-63141805**
市场营销部电话：010-63141612　　　　　　**印务部电话：010-63141606**

（如有印装质量问题，请与本社印务部联系。）